LE TOUR DE FOGLIA

Dépôt légal : 2ᵉ trimestre 2004
Bibliothèque Nationale du Canada
Bibliothèque Nationale du Québec
ISBN 2-923194-04-7

Conception graphique de la couverture : Patrice Francœur
Illustrations : Pierre Pratt

Pierre Foglia

LE TOUR DE FOGLIA
et chroniques françaises

Illustrations de Pierre Pratt

Les Éditions
LA PRESSE

PRÉFACE

Frelighsburg, 25 mai 2003 – Ses amis viennent juste de quitter la maison. Sa fiancée est dans le jardin. On est assis autour de la table de cuisine. Il y a une belle chaleur autant à l'extérieur qu'à l'intérieur de la maison qu'ils (surtout la fiancée) ont complètement rénovée.

– Qu'est-ce que tu veux me montrer ?

Je vais chercher mon petit sac à dos vert. Celui que je traîne depuis les Jeux olympiques de Séoul, en 1988.

– Hey, c'est mon sac.

Toujours la même histoire. On est à peu près les deux seuls à utiliser encore ce sac que nous ont offert les Coréens. Chaque fois que l'un voit celui de l'autre, on répète la même phrase. « Hey, c'est mon sac. »

Je sors une brique de 400 pages et la dépose sur la table de la cuisine.

– C'est quoi ça ?

– C'est toutes les chroniques que tu as écrites sur le Tour de France depuis 1992.

– Pis ?

– Je voudrais qu'on en fasse un livre. On regrouperait les chroniques par thèmes. Par exemple, on pourrait mettre bout à bout tous tes textes sur Lance Armstrong depuis le tout premier.

– J'pensais pas que tu voulais me parler de ça. Mais par thème, c't'une bonne idée. Pourquoi tu veux faire ça ?

– Parce que j'ai tout relu ce que t'as écrit depuis le début et je trouve ça encore très, très bon. Regroupées, tes petites histoires revivent. Elles se transforment en grandes histoires.

On est sur la galerie. Il l'arpente de long en large à l'ombre du grand arbre centenaire qui trône dans la cour, tout près du jardin.

– OK, laisse-moi y penser un peu. Je pourrais m'occuper de la section « La France du Tour », toi du reste…

En revenant au bureau, je comprends qu'il a accepté. Ça fait un an que je jongle avec cette idée. Je sais qu'il a toujours refusé de publier un recueil de chroniques. J'attendais le moment propice pour lui en parler. Et là, en quelques minutes, il dit oui du bout des lèvres. Y a-tu une pogne ?

Montréal, 23 février 2004 – Il a commencé à jouer dans les textes que j'ai sélectionnés.

– La bonne nouvelle, c'est que ça m'amuse, la mauvaise, c'est qu'il y a bien du travail. Il y a beaucoup de répétitions. Des fois, je rajoute des trucs. Des fois c'est pas pire, des fois c'est très mauvais. Je scrape des textes entiers.

Quelques semaines plus tard, il a mis le nez dans toutes les sections. Il bougonne un peu.

– C'est beaucoup de job mon hostie, énormément. Tu me repogneras pus.

Il est inquiet.

– Ça va intéresser qui lorsque je parle des prouesses d'Armstrong en 1999 ? Chu pas sûr que c'est très pertinent.

La Macaza, 1er mai 2004 – Je sors de mon petit sac à dos vert la première épreuve du livre. Le résultat est à la hauteur de l'homme de la page A-5. Il a beau nous faire croire qu'il n'est pas un écrivain. Il a beau se cacher derrière le journalisme. Personne n'est dupe. Ce livre est celui d'un passionné de vélo, mais aussi celui d'un homme qui transcende les petites et les grandes histoires de la vie quotidienne. Celui d'« un homme de papier et d'encre », comme l'a si justement écrit Dany Laferrière.

Le Tour de Foglia, c'est des chroniques sur un grand thème : le Tour de France. Au fil du temps, il nous trace un portrait unique des grands seigneurs du peloton (Lance Armstrong, Miguel Indurain et Jan Ullrich). Il pose un regard attendrissant sur d'autres comme Jalabert, Bauer ou Fraser. Et il peste contre son mal-aimé : Richard Virenque. Il raconte la mort de Fabio Casartelli comme lui seul peut le faire. À travers les histoires de dope, il réfléchit à voix haute sur la « maladie » du Tour.

Enfin, il nous donne la France du Tour. Parce que le Tour de France, « c'est d'abord affaire de routes et de ciels. Affaire de paysages. »

Merci mon vieux.

Pierre Hamel
Éditeur, *Vélo Mag*

PROLOGUE

SALUT TI-GUY

Hendaye, 3 juillet 1992 – Très belle San Sebastian. Ses jardins, son fronton de mer où sera couru, demain, le prologue de ce 79ᵉ Tour de France, les bars à tapas du vieux quartier, leurs piments farcis, et des joints gros comme ça que vous passent des inconnus dans la rue, même si des indépendantistes basques de l'ETA ont peint sur les murs : «Alde Hemendix», dehors les dealers. Ah, cette foutue obsession de la pureté et de la morale, commune à tous les foutus intégristes...

Très belle San Sebastian. Mais je n'y reste pas ; j'ai installé mes pénates à Hendaye, à 20 kilomètres de là, sur la rive française de la Bidassoa. Ce mot nous faisait rire quand on était petits : la bite à qui ?

Je reste à l'hôtel de la Gare, d'où vient de partir le train de 21 h 23 pour Paris : La palombe bleue. Un joli nom pour un train tout couvert de suie, mais j'imagine que vous attendez de moi autre chose que les horaires de la SNCF ? Du calme. Le Tour ne commence que demain. J'ai passé l'après-midi à San Sebastian, à la permanence du Tour où j'ai reçu mes accréditations... J'étais en train de poser l'autocollant qui identifie ma voiture de location comme véhicule de presse quand un type de l'organisation, vêtu de jaune, s'est approché et m'a dit :

– Vous allez suivre le Tour avec ça ?

– Pourquoi ? Vous n'aimez pas les Peugeot ?

– C'est une automatique, non ? C'est écrit là : Peugeot automatique. Vous ne monterez jamais les cols avec cette brouette. Vous allez chauffer, tomber en panne, emmerder toute la caravane. Il me regardait comme si j'étais un vieux kleenex…

Je ne suivrai pas le Tour de bout en bout, je sauterai même des étapes, et celles que je suivrai, je ne les suivrai pas : je les précéderai ! Les journalistes roulent loin devant le peloton, arrivent à la ville-étape deux heures avant les coureurs, regardent la fin de la course à la télé dans le centre de presse. Anyway. Cela me fait drôle pareil, cette auto presque officielle, me voilà dans la parade… C'est mon père qui serait surpris, c'était lui le fanatique du Tour dans la famille. L'oreille collée sur le poste de radio. On venait d'avoir l'électricité. Notre premier poste. On ne montait pas le son, parce qu'on croyait que, plus c'était fort, plus ça bouffait de l'électricité. Mon père avait l'oreille collée dessus. Il écoutait les arrivées en direct. Des fois il s'excitait : « C'est un Italien ! » C'était la fête à la maison ; qu'est-ce que Coppi (ou Bartali, ou Magni) leur avait mis dans la gueule aux Français !

N'empêche que tout ce que je sais du vélo, je l'ai appris au Québec. C'est curieux à dire pour un Italo-Français, mais c'est comme ça. Tout ce que je sais du vélo, je l'ai appris de Guy Morin, denturologue dans la ruelle Châteaubriand. Ex-coureur sur route et des Six-Jours, fou de vélo, les championnats du monde en 1974 sur le mont Royal, c'est lui. Salut Ti-Guy, vieux mongol à batteries. Lâche *Le Journal de Montréal* pour deux ou trois semaines, lis-moi dans *La Presse* et dis-moi si j'ai bien retenu tes leçons. J'ai beaucoup appris aussi de feu Louis Chantigny et de Pierre Gobeil (aujourd'hui VP à *La Presse*). Tous les trois des ex de *La Patrie,* qui commanditait à l'époque une équipe cycliste. Gobeil dans le rôle de directeur technique et de grand fouteur de merde dans le peloton… Qu'est-ce qu'on a ri ! On parlait de vélo jusqu'aux petites heures du matin dans un resto de la rue Saint-Hubert où allaient aussi manger les employés de la morgue ; je me souviens même de ce qu'ils prenaient : du spaghetti au smoked meat. Je m'y suis converti, mais je ne vous conseille pas avant d'aller au lit...

Bon. J'imagine que vous attendez de moi autre chose que le menu des employés de la morgue de Montréal... Du calme, les amis. Le Tour ne commence que demain.

DES GÉANTS MOYENS

San Sebastian (Espagne), 4 juillet 1992 – Attente. Les 198 coureurs, les 700 journalistes, les 500 techniciens des 30 chaînes de télé, les officiels et les 1000 autres suiveurs de la caravane publicitaire, tous, on attend. Du temps étiré, un peu mou. Les pages sportives des quotidiens radotent gentiment : Miguel Indurain ou Gianni Bugno ? Les coureurs moulinent léger, encore en vacances, vélo, massages, dodo. Une vingtaine m'ont dépassé en souplesse, ce matin, dans la montée vers Notre-Dame-de-la-Guadalupe. « Allez, papa ! » m'a lancé un impertinent. Papa ? P'tit con, va.

Je les ai recroisés plus tard, des Festina bien groupés devant leur voiture technique, ils déboulaient la même pente que je n'avais pas fini de monter. J'ai été frappé par leur jeunesse et, comment dire ?, par leur « normalité ». Ces géants de la route, comme on les appelle, sont moyens ! Des cuisses moyennes. Des mollets moyens. De taille moyenne. Pas décharnés comme à l'époque où ils se bourraient d'amphétamines qui leur coupaient l'appétit. La mode aujourd'hui est à la musculation (et aux anabolisants !), mais franchement, ça ne paraît pas tellement. Des géants moyens, vous dis-je...

Greg LeMond traverse justement la salle de presse au moment où je vous écris. Il est à 20 pieds de moi. On n'imagine pas plus normal, plus « standard », plus moyen que ça. Un vendeur d'appareils électroménagers dans un centre commercial d'une grande ville moyenne du Minnesota.

Moi non plus, je ne suis pas si pressé que ça commence. Moi aussi, je suis en vacances. Ce matin, j'ai grimpé la seule difficulté du parcours de dimanche : l'Alto de Jaizkibel, un col de neuf kilomètres. Je l'ai trouvé bien sympathique, bien facile, à mon rythme, évidemment. Au leur, je sais pas et je saurai jamais. Un beau petit col avec des moutons de temps en temps, et la mer en bas.

POUR VENDRE DES JOURNAUX !

Paris, 5 juillet 2003 – Le Tour de France a été créé il y a tout juste 100 ans cette année, par un journal et par un journaliste pour... vendre des journaux ! Et, accessoirement, pour faire chier un autre journaliste et couler un autre journal. Cet événement sportif que l'on dit le plus grand après les Jeux olympiques et la Coupe du monde de football est donc né d'une chicane de presse.

Au moment où apparaissent les premières automobiles (1895), la bicyclette n'est pas si loin de sa forme actuelle : des pédales, une chaîne, des pneus, des freins, et elle est déjà un loisir (bourgeois, parce que ça coûte très cher) et déjà un sport, avec un vélodrome et des courses comme Paris-Roubaix, Paris-Bordeaux, Paris-Brest, très suivies par le public et rapportées dans le premier quotidien sportif de l'histoire qui s'appelle *Le Vélo* et tire à plus de 80 000 exemplaires. On est en 1895, rappelons-le.

Un événement politique, qui a profondément marqué l'histoire de la France, va servir de catalyseur à la naissance du Tour de France. En 1898, l'affaire Dreyfus, ce dernier étant un officier juif injustement accusé d'espionnage, divise la France en deux camps. Très étonnamment, le journal *Le Vélo* verse dans le camp des défenseurs de Dreyfus, menés par l'écrivain Émile Zola. Je dis étonnamment parce que c'est le parti des intellos progressistes, de la gauche, qui est rarement le parti des sportifs. Les fabricants de vélos et d'automobiles qui font vivre le journal grâce à leurs annonces sont, bien sûr, dans l'autre camp, celui de la France ultra nationaliste, et sont très irrités par la position éditoriale du *Vélo*. Ces industriels vont créer un nouveau quotidien sportif à la tête duquel ils vont placer Henri Desgranges, avocat, journaliste et directeur du vélodrome du parc des Princes.

Le nouveau quotidien, *L'Auto-Vélo,* connaît des débuts difficiles, ses ventes plafonnent à 20 000 exemplaires et... ça sent la fin. Quelqu'un aurait-il une idée pour éviter la mort de ce journal ? demande Desgranges lors d'une réunion.

Pourquoi pas le tour de la France à vélo ? suggère un jeune collaborateur du nom de Géo Lefèvre. Desgranges trouva d'abord l'idée complètement débile. Puis se ravisa. Le 1er juillet 1903, 60 coureurs prenaient le départ du premier Tour de France à Montgeron, en banlieue sud de Paris, devant le Réveil-Matin. La première étape les mènera à... Lyon ! À 467 kilomètres ! Le vainqueur mettra près de 18 heures pour atteindre Lyon. Moyenne : plus de 27 km/h. Les cyclos soi-disant sportifs d'aujourd'hui – ma gang, mettons – ne vont guère plus vite (et parfois moins !), le dimanche matin, sur leur monture à 4000 $ en carbone montée Dura Ace.

Petite note pratique : le tracé des premiers Tours épouse le réseau, naissant lui aussi, du chemin de fer pour permettre aux suiveurs... de suivre. D'ailleurs, quelques coureurs aussi prendront le train ! Le vainqueur du deuxième Tour, celui de 1904, sera disqualifié pour tricherie ferroviaire !

Revenons à 1903. Cet été-là, le journal *L'Auto-Vélo,* devenu *L'Auto* tout court, passe de 20 000 à 100 000 exemplaires. L'année suivante, son concurrent, *Le Vélo,* fera faillite.

L'Auto, très à droite, défend une idée purificatrice du sport, très mussolinienne (la rédemption de la jeunesse par la sueur et l'effort). *L'Auto* finira par faire l'apologie du régime fasciste, si bien que le journal sera interdit de publication à la fin de la Deuxième Guerre mondiale. Aujourd'hui, c'est toujours un quotidien sportif, *L'Équipe,* qui « porte » le Tour, on ne peut plus dire qui « organise », mais bon, c'est jouer sur les mots, le journal faisant partie du même holding financier que le Tour, Amaury Sport Organisation (ASO). Et bien sûr, Le Tour de France est toujours à droite, mais il défend maintenant « une certaine idée » de l'Europe. Quant à son idée de la France, elle est résolument et prudemment estivale : la France de juillet, la France des vacances. Le message est dans le paysage.

LES SEIGNEURS DU PELOTON

Lance Armstrong
Miguel Indurain
Jan Ullrich

LANCE ARMSTRONG

LES DÉBUTS
Puy-du-Fou, 3 juillet 1993 – Greg LeMond est parti. Il était temps. Il devenait pathétique avec ses excuses, ses recettes, ses 30 minutes de retard à chaque étape. Greg LeMond est parti, pas grave. Le successeur de Greg LeMond est déjà en piste. Et l'Amérique ne perd rien au change.

Il s'appelle Lance Armstrong, il est d'Austin, au Texas. Il a 21 ans et ne ressemble pas du tout à LeMond à qui il n'a jamais parlé : « Ce n'est pas mon style ! »

Le style Armstrong ? Baveux. Tête de mule. Parfois insup-portable. Mais au bout du compte, plutôt sympathique.

Étonnant physique, une résistance et un rythme cardia-que qui défient la médecine sportive. Amateur, il a planté tous les Européens (tout en s'enfargeant aux Jeux à Barcelone où il était pourtant le grand favori). L'année 1993 est sa première année pro. Neuvième au Paris-Nice, deu-xième au Tour Dupont, le voici au départ du Tour de France. Pas pour le gagner. Pour apprendre. Son prof préféré ? Steve Bauer, qui le parraine dans l'équipe Motorola.

Armstrong ne finira probablement pas le Tour (du moins il serait sage qu'il ne le finisse pas), mais il n'attendra pas l'an 2000 pour en gagner un, et il le gagnera encore en l'an 2000...

UN JEUNE HOMME BRILLANT

Verdun, 12 juillet 1993 – Un hasard sûrement. C'est à peu près à la hauteur du cimetière américain de Montfaucon, à 15 kilomètres de Verdun et de l'arrivée, que l'Américain Lance Armstrong a lancé l'attaque qui devait le mener à la victoire. Je dis un hasard parce que le jeune Texan de 21 ans ne savait pas que 14 000 de ses compatriotes dorment ici, à l'ombre des platanes. Quatorze mille croix blanches. Quand on a 21 ans et qu'on vient d'Austin, capitale du Texas et du rock and roll, la guerre de 14, c'est le Moyen Âge. Il y a eu tant d'autres guerres depuis, pourquoi se rappeler précisément de celle-là ?

Rien à voir avec la guerre. Mais quand même un peu avec l'honneur. Reculons d'un an. Les Jeux à Barcelone. Lance Armstrong était le grand favori pour la médaille d'or. On ne l'a pas vu de la journée. Le lendemain, il passait professionnel en déclarant à la presse américaine : « Rien à foutre de vos critiques, je suis un winner ! » Il disputait sa première course pro peu après les Jeux, à San Sebastian. Lâché à la mi-parcours, il s'est obstiné et a fini avec 35 minutes de retard, sous la pluie, tout seul. Il avait l'air d'un vrai fou. « En mettant le pied à terre à San Sebastian, rappelait-il hier, je me suis promis deux choses : réussir dans ce sport, et gagner un jour à San Sebastian. »

Discret au début du Tour, depuis trois ou quatre étapes, on ne voit plus que lui en tête du peloton. Un cheval. Mais aussi une tête de vache. Prompt à se chicaner, à poussailler. Il a même bavé Cipollini en le baptisant « So vain Mario ». De temps en temps, on voit Bauer et Phil Anderson, ses parrains dans l'équipe Motorola, venir le calmer. Hier, Bauer s'est porté à sa hauteur juste avant l'attaque décisive. Il lui a dit : « Kid, la prochaine, c'est la bonne. » On était à 17 kilomètres de Verdun. Le peloton se regroupait après une dure passe d'armes entre Chiappucci, Rominger, Bugno et Indurain dans le mur de Douaumont. Stephen Roche et l'Italien Perini venaient de prendre 100 mètres au peloton. Lance Armstrong est sorti comme une balle emmenant avec lui Arnould, Pensec et Alcala.

Arnould qui a lancé le sprint, Pensec dans sa roue, Armstrong troisième. La meilleure place, troisième. Le premier craque toujours. Le second se retrouve dans le vent. Le troisième est en carrosse. Après le bouquet, le podium et les becs aux petites filles, le Texan a enfilé son blouson taillé dans le drapeau du Texas. Il a rabattu sur ses yeux le bord de son chapeau de cow-boy et il a monté le son de son ghetto blaster. C'était la même cassette que les autres jours : Lenny Kravitz, *Are you gonna go my way...*

Armstrong est de loin le meilleur coureur américain à joindre le peloton des pros. À 21 ans, meilleur que LeMond, meilleur que Hampsten. Et d'une tout autre Amérique que ceux-là. D'un autre milieu aussi. Ce n'est pas un « Boulder clone ». C'est un petit rock and roll qu'on imagine plus dans un ring que sur un vélo. Il est arrivé au cyclisme par la natation, via le triathlon. Mal dégrossi mais brillant. Il vient de se faire une réputation en or en remportant la Thrift Drug Crown, une commandite complètement idiote. Imaginez qu'on promettait un million au coureur qui gagnerait les trois courses de la Couronne ! En remportant la première, Armstrong devenait de facto le seul candidat au million... qu'il a empoché avec la complicité du peloton. Il a été assez avisé pour partager très généreusement avec ses coéquipiers et les coureurs-clés du peloton. On raconte qu'il a gardé moins de 50 000 $ pour lui. Un bon placement. Je vous le disais, un jeune homme brillant.

LE COW-BOY

Revel, 16 juillet 1995 – Je vous ai parlé de Serguei Outschakov l'autre jour, cet Ukrainien que son directeur technique menaçait de renvoyer en Ukraine s'il n'obtenait pas de meilleurs résultats. Faut croire qu'il n'a vraiment pas envie de retourner en Ukraine. Outschakov a remporté l'étape d'hier en battant Lance Armstrong au sprint...

Ce ne fut pas une grande étape. Quatre hommes. Deux cent sept kilomètres d'échappée, loin, très loin devant un peloton sous hypnose. Dans la dernière ligne droite, ne restaient plus qu'Armstrong et Outschakov. Les deux coureurs s'installent pour un duel de pistards. L'Ukrainien temporise. Armstrong bondit. Outschakov, qui n'attendait que ça, gicle à son tour. Armstrong est battu.

Le peloton n'aime pas beaucoup Armstrong. Au début, les coureurs trouvaient drôle ce petit cow-boy qui tirait partout. Mais ils se sont vite lassés de sa prétention qui tourne parfois au mépris. Armstrong a répété 100 fois que la stratégie c'était de la merde. Tu pédales plus vite que les autres, tu gagnes, et basta. Ah oui? Essaie donc de sortir du peloton quand le peloton ne veut pas... Depuis son championnat du monde, l'Américain est en pénitence. Hier, on lui a donné un bon de sortie. Hier, il a eu l'occasion d'appliquer sa théorie : tu pédales plus vite que l'autre, tu gagnes, et basta. Des deux coureurs il était le plus rapide. D'ailleurs, il n'a pas été battu en vitesse pure. Mais en intelligence pure.

RÉCONCILIÉ

Lac-de-Vassivière, 23 juillet 1995 – À son troisième essai, Lance Armstrong complète son premier tour. De son propre aveu, il passe trop mal les cols pour espérer gagner un jour la Grande Boucle. Mais des étapes, ça oui. Amenez-en. Et des classiques. Et d'autres championnats du monde. Le Texan a de la dynamite sous la pédale. Le tragique accident de son coéquipier Fabio Casartelli l'a fait vieillir et l'a réconcilié avec le peloton européen. À quelque chose ce grand malheur aura été bon.

LE MIRACULÉ

4 juillet 1999 – Lance Armstrong qui met presque une minute dans les dents à Virenque en moins de sept kilomètres, c'est la plus belle chose qui pouvait arriver au Tour de France.

De toute façon, quand Lance Armstrong gagne une course, c'est bon pour le moral de tout le monde. Pas juste le monde du vélo. Ce type-là était mort. Le cancer partout, les testicules, le cerveau. Cinq mois de grosse chimio. Trois opérations. Il était mort. Remonter sur un vélo ? Je vous en prie. Pourtant si. Non seulement il est remonté sur un vélo, mais en moins de deux ans il a atteint un niveau qu'il n'avait jamais atteint avant sa maladie. Quatrième du Tour d'Espagne l'automne dernier. Quatrième du championnat du monde, qu'il a animé de bout en bout. Le premier vrai miraculé du millénaire, et il est à pédales. Sur son site Web – il répond tous les soirs aux cancéreux qui lui envoient des messages –, un monsieur du Luxembourg lui demandait l'autre jour : « Allez, Lance, donne-nous ta recette, c'est quoi ta dope ? »...

« La vie, a répondu Armstrong, ma seule dope c'est la vie. Quand t'as regardé la mort dans les yeux, vivre c'est incroyable l'effet que ça fait. »

Est-ce qu'Armstrong peut gagner le Tour de France ? Restons calmes, ce n'était qu'un prologue, 7 kilomètres ; il en reste exactement 3672 avant l'arrivée à Paris dans 3 semaines ! Mais pour répondre à votre question, oui, il peut gagner le Tour.

LE MÉNAGE

12 juillet 1999 – Il y avait la hora de la verdad du grand Miguel Indurain. Il y a maintenant le moment of truth du Texan Lance Armstrong, excusez le cliché, qui a remis les pendules à l'heure hier à ce Tour qui n'allait nulle part depuis une semaine.

À près de 50 km/h, Armstrong a fait un sacré ménage hier dans le contre-la-montre de Metz. Seul Zülle n'a pas trop à rougir, les autres sont détruits. Bye-bye les Gotti et Boogerd, grands favoris au départ, maintenant à plus de 15 minutes au général. Bye-bye Julich, qui a abandonné à la suite d'une chute (mais qui était parti pour en manger toute une). Bye-bye les purs grimpeurs comme Virenque et Escartin, à plus de sept minutes. Bye-bye Zülle, à plus de sept minutes aussi, bêtement concédées lors de la deuxième étape. Bye-bye les outsiders comme Vinokourov et Savoldelli, à six minutes et des poussières. Il reste un seul véritable adversaire à Armstrong : Abraham Olano, à deux minutes et demie.

Cela dit, Lance Armstrong n'a pas encore gagné le Tour. Il a frappé un grand coup. Reste une inconnue : comment se comportera-t-il en haute montagne ? Avant sa maladie, Armstrong n'était pas un grimpeur même si, l'automne dernier, au Tour d'Espagne, il a monté les cols dans la roue des meilleurs. Une défaillance demain dans la montée vers Sestrières, même pas une défaillance, un ton en dessous d'Olano, et tout est à refaire.

LA MÉTAMORPHOSE
14 juillet 1999 – Le Tour de France est fini. Premier, Lance Armstrong. Deuxième, on s'en fout.

La première fois que j'ai entendu parler d'Armstrong, c'était aux Jeux de Barcelone. Il y avait plein de journalistes du Texas dans l'autobus de presse qui nous menait à la course sur route. Des journalistes de Dallas ? De Houston ? À une course de bicycle ? C'était pas le vélo, c'était le phénomène. Ils m'ont raconté ses entraînements. Il partait le matin à l'aube, pédalait toute la journée et, le soir, il appelait sa mère :

— Maman, viens me chercher.

— T'es où ? Il répondait qu'il était à Crockett ou à Brady ou à Cuero. Parfois plus de 300 kilomètres. Sa mère hurlait. T'es fou !

Armstrong n'a rien fait à Barcelone. Il est passé pro la même année. Il est devenu un formidable coureur, mais avec un trop gros cul pour passer les montagnes et gagner le Tour. Le cancer l'a fait maigrir. L'a humanisé aussi. « J'étais un sacré petit con », a admis un Lance Armstrong métamorphosé, au sortir de sa maladie. À mon avis, c'est ce jour-là qu'il a gagné le Tour de France. Un petit con qui se rend soudain compte qu'il est un petit con peut faire des trucs incroyables dans la vie. Essayez, vous allez voir.

LE PARRAIN

25 juillet 1999 – Lance Armstrong aura tout fait à ce Tour. Il l'a gagné. Et il l'a sauvé en se donnant en exemple : si je suis revenu d'entre les morts, le cyclisme en reviendra aussi.

Plus surprenant encore, Armstrong est devenu le patron que le cyclisme se cherche depuis la retraite d'Indurain. Le patron, celui qui fait régner l'ordre, qui fait observer les règles non écrites, le gardien des secrets et de la tradition. On devient patron du peloton comme on devient parrain de la mafia ou pape : par « autorité élective ». Bref, on devient le patron parce qu'on l'est. L'ironie de la chose, c'est qu'à ses débuts, lorsqu'il a débarqué de son Texas natal, Armstrong disait qu'il n'avait rien à foutre de la tradition, des règles non écrites, des tactiques de course ; il allait courir à sa manière, gagner tout ce qu'il y avait à gagner et rentrerait dans son cher Texas où l'on sait vivre.

Aujourd'hui, il habite en France. Déplore que ses concitoyens ne comprennent rien au cyclisme. Court exactement comme Indurain courait selon les plus vieilles recettes du cyclisme et sans doute de la pharmacie. Et il fait régner l'ordre dans le peloton. C'est lui qui est allé dire « tu fermes ta gueule ou tu décrisses » à Christophe Bassons, symbole du renouveau du cyclisme qui se vantait de courir à l'eau claire. C'est lui surtout qui a rivé son clou à la presse « non alignée » – notamment *Le Monde* et *Libération* – en l'accusant de généraliser la suspicion. Bref, c'est le même gars qui disait n'avoir rien à foutre de la tradition qui a rétabli les deux plus solides traditions du cyclisme un instant ébranlées par les affaires : le mensonge et le silence.

LE BOGUE
26 juillet 1999 – Mais non, je ne boude pas la victoire de Lance Armstrong. Au contraire. Je m'en réjouis. Du sang neuf, une autre culture cycliste, une autre culture tout court. Dans ce milieu consanguin, furieusement européen, sans Noirs, ni Asiatiques, ni Arabes, un Américain, même Blanc, est un début d'exotisme, de métissage régénérateur. Un peu d'air frais. C'est une bonne nouvelle aussi pour le sport cycliste en Amérique du Nord.

Par ailleurs, même si je suis tanné d'entendre parler de son cancer, la résurrection, disons plus sobrement le retour au plus haut niveau de compétition d'un athlète qui avait des métastases partout, constitue un formidable espoir pour les cancéreux : une guérison complète est donc tout à fait possible.

Mais non, je ne boude pas la victoire de Lance Armstrong. Au contraire. Ce garçon, si brouillon autrefois, a démontré une irréprochable intelligence de la course. Tout aussi irréprochables ont été ses équipiers, Hamilton, Livingston, Andreu, Hincapie, quintessence d'un cyclisme nord-américain qui n'a, ma foi, rien à envier aux meilleurs Européens.

Mais alors, d'où vient donc votre réserve, monsieur le journaliste ? Ce bémol à votre plaisir ?

Le bogue, puisque vous insistez, me vient des organisateurs du Tour, ces sombres putes qui se servent d'Armstrong pour chanter que tout va très bien, Madame la Marquise. Ils avaient juré, la main sur le cœur, que plus rien ne serait comme avant. Or, justement, tout s'est passé exactement

comme avant à ce Tour. La dope. Pas vu, pas pris. L'omertà.
Tout. Le bogue, ce n'est pas que Lance Armstrong ait gagné.
C'est qu'il ait accepté aussi docilement de remettre le couvercle sur la poubelle.

LES MACHOS

Morges (Suisse), 19 juillet 2000 – Armstrong lâché. Pantani
à la dérive. Et Virenque qui gagne. J'ai adoré sa victoire. Il a
franchi la ligne en invectivant la terre entière. Avant, il putassait, « objet d'amour » complètement ridicule. Hier, c'était un guerrier. Un petit macho. Parlant de macho, d'après
vous, lequel l'est le plus ? Virenque, Pantani ou Armstrong ?
Le Français, l'Italien ou l'Américain ?

Virenque porte sa blessure au cœur avec une dignité dont
on ne le croyait pas capable. Pantani aussi est blessé depuis
qu'il a été honteusement sorti de « son » Tour d'Italie. Mais
il nous la joue tragique. On le tue. On le saigne au flanc. Des
trois, Pantani est assurément celui dont l'orgueil est le plus
démesuré. Mais le plus macho des machos, c'est Lance Armstrong... Une petite anecdote pour illustrer la chose. Le présent Tour de France s'est joué à deux endroits : à Lourdes,
où Pantani a perdu toutes ses chances de victoire finale, et
dans l'ascension du mont Ventoux, où, cette fois, Pantani a
accompagné Armstrong jusqu'au bout. Par pure bonté,
l'Américain a décidé de laisser gagner l'Italien. Un beau
geste. Le vélo est, à ma connaissance, le seul sport où on
peut se permettre ce genre d'élégance.

Il n'y a pas 36 façons de laisser gagner son compagnon
d'échappée. On se place derrière lui et voilà... Armstrong a
fait ça autrement. Il est resté devant jusqu'à cinq pieds de la
ligne d'arrivée. À cinq pieds, il a mis les brakes ! Pantani est
passé. Et la terre entière a vu Armstrong donner cette victoire à Pantani. À ce point-là, ce n'était plus la « donner »,
c'était en faire la charité. Non seulement Pantani n'a pas dit
merci, mais il s'est cloîtré dans une muette indignation.

Deux jours après, il lâchait Armstrong de belle façon, dans la montée vers Courchevel. Ils marchent peut-être à l'EPO, mais ils marchent plus encore à l'EGO.

Quand Armstrong a appris qu'il avait le cancer des testicules, il est allé dans une banque de sperme pour en faire mettre de côté. Son coéquipier Livingston l'accompagnait. « Une expédition surréaliste, raconte Livingston. Je ne comprenais rien. Donner du sperme ? Dans l'auto, Lance m'a expliqué qu'il risquait de devenir stérile à cause de la chimio. Il parlait calmement. Il disait des choses comme : peut-être qu'on fait ça pour rien, mais si je survis... Nous avons été reçus par une infirmière, qui a emmené Lance dans une autre pièce. On a attendu en silence qu'il revienne. Sa mère était là aussi. Plus tard, dans l'auto, sur un ton très neutre, Lance nous a raconté qu'il y avait des magazines pornos. Un gars capable d'avoir une érection dans ces conditions peut gagner 20 Tours de France », a conclu Livingston.

CE N'EST PAS UNE HISTOIRE D'AMOUR

Mulhouse, 22 juillet 2000 – Il ne manquait qu'une signature au Tour de France 2000. Lance Armstrong l'a apposée hier en remportant le contre-la-montre entre Fribourg et Mulhouse, à la moyenne invraisemblable de 54 km/h ! Je veux bien croire que le parcours était extrêmement roulant, plat, sans virages, que les coureurs avaient un léger vent de dos, reste que 54 km/h, c'est... c'est stupéfiant, mon vieux.

On attendait un duel Ullrich-Armstrong, on l'a eu. Mais sans suspense. L'Américain a pris l'avantage au premier kilomètre et l'a augmenté jusqu'au dernier, modelant sa course sur celle d'Ullrich, parti trois minutes avant lui. Fluide, bien groupé, se gardant un peu de réserve pour le finish, l'Américain enroulait le même braquet que l'Allemand (54 x 11). Leurs vélos aussi étaient semblables : surbaissés, sans roues pleines. Sur la portion allemande du parcours, la foule a porté un Ullrich euphorique qui roulait sur ses routes d'entraînement. Cela n'a pas suffi.

« Je peux comprendre sa déception, disait Armstrong à l'arrivée. S'il venait me battre à Austin, au Texas, sur mes terres, je serais probablement très malheureux. » Armstrong était sincèrement désolé. Il aime bien Ullrich, il le répète volontiers, on les voit souvent se parler et rire ensemble dans le peloton. Armstrong trouve que, pour un Européen qui ne sait pas ce qu'est du tex-mex, Ullrich a quand même de la classe. Cela ne l'a pas empêché de le flinguer dès le départ, lui prenant presque une seconde au kilomètre.

On ne peut pas dire que son triomphe réjouit les foules. Armstrong ne sera jamais, en France, un champion populaire comme l'a été son compatriote Greg LeMond, par exemple. L'an dernier, c'était différent : il était revenu d'entre les morts pour gagner le Tour de France. Il avait laissé la France bouche bée. Cette année, le même miraculé tombe sur les nerfs. Le courant ne passe pas. Appelons cela une incompatibilité culturelle. Le Texas est décidément très loin d'Angoulême. Il y a aussi le fait qu'Armstrong boude la presse française. Notamment *Libération* et *Le Monde*. Ces deux quotidiens, qui n'ont pas les mêmes raisons de putasser que *L'Équipe* (le journal sportif propriétaire du Tour), ont commis le crime de lui poser des questions sur les traces de corticoïdes trouvées dans ses urines. Arsmtrong les a renvoyés en ajoutant : « Les gens qui disent aujourd'hui que je me dope sont les mêmes qui disaient que je ne remonterais jamais sur un vélo. » Ça fait beaucoup de monde, bonhomme ! Personne, absolument personne, même ta mère j'en suis sûr, ne croyait que tu remonterais un jour sur un vélo.

L'homme est fascinant et l'athlète hors du commun. Mais bon, on n'y peut rien, ce n'est pas une histoire d'amour.

UN COUREUR COMME LES AUTRES

Paris, 24 juillet 2000 – Cette image grimaçante de Lance Armstrong à mi-pente du col de Joux-Plane, incapable de suivre Ullrich et Virenque, restera la plus forte image du Tour 2000. Tous les coureurs vous le diront, habituellement ce genre de défaillance – ils disent fringale – ne pardonne pas. Le coureur qui en est victime peut concéder jusqu'à une minute par kilomètre. Calculez, il restait six kilomètres d'ascension. Armstrong aurait dû perdre le Tour ce jour-là.

Il l'a gagné en ne concédant que deux minutes. En gérant sa défaillance avec la même extraordinaire force mentale qu'il gère ses triomphes. Il a gagné plus que le Tour ce jour-là, il a gagné l'admiration définitive du peloton. Autoritaire, d'une assurance qui peut facilement passer pour de l'arrogance, Armstrong ne remportera jamais de concours de popularité, ni dans le peloton ni sur le bord des routes, pas même avec les hôtesses sur le podium, qui l'ont élu le coureur le plus froid. Qu'importe, ce jour-là, dans Joux-Plane, on l'a vu vulnérable et, paradoxalement, on ne l'a jamais vu aussi fort.

L'an dernier, c'était un phénomène, un fantôme, un miraculé, une attraction de foire. Cette année, c'est un coureur comme les autres, sauf qu'il est meilleur que les autres. Pas seulement meilleur. Plus rigoureux. Minutieux jusqu'à la manie dans sa façon de se préparer. À l'Université du Texas, à Austin, où j'étais il y a trois semaines pour rencontrer Surin, on connaît bien Armstrong. Il y va régulièrement passer des tests qui mesurent la forme. Les gens qui l'évaluent ne connaissent rien au vélo, mais des athlètes, ils en voient passer, de tous les sports : joueurs de football, marathoniens, sprinters, rameurs, décathloniens, joueurs de tennis, nageurs… « On ne se souvient pas d'avoir évalué un athlète aussi affûté que Lance Armstrong. On l'a testé juste avant le Tour, et on n'en revenait pas ; ce genre de résultat suppose un travail colossal en intensité. »

Son coéquipier Cédric Vasseur raconte qu'il neigeait quand ils sont allés reconnaître la montée de Hautacam au début de l'été : « On monte. On redescend. Il n'était pas content de son ascension. Il nous a forcés à remonter. » C'est justement dans Hautacam qu'Armstrong a assommé le Tour.

Aujourd'hui lundi, il est à New York, après-demain à Los Angeles, et vendredi, un défilé l'attend à Austin. Le défilé partira du State Capitol, à deux coins de rue de là, sur la 12ᵉ Avenue. Un petit bâtiment de briques anonyme, la clinique d'urologie où, à la fin de l'été 1996, on lui avait annoncé qu'il avait le cancer.

VIENS VOIR LES COMÉDIENS

L'Alpe d'Huez, 18 juillet 2001 – Au pied de l'Alpe d'Huez, quand les coureurs quittent la rue principale du village de Le Bourg-d'Oisans pour prendre à gauche vers le hameau de Ribot-d'en-Bas, il reste exactement 15 kilomètres. Ils venaient d'en pédaler 194. Dont deux cols hors-catégorie : la Madeleine, et son interminable défilé en corniche, et le très rugueux Glandon, avec ses plaques de neige dans les alpages. Pourtant, ils étaient encore plus de 40 coureurs au pied de l'Alpe d'Huez. C'est énorme. Ça n'arrive jamais. Va pour 10, 15, mais 40 ! Il y avait là tous les favoris, mais aussi les diesels, c'est le peu aimable surnom des coureurs qui font de la fumée en montant les cols. Il y avait là des François Simon, des Chavanel, des Pinotti, et j'allais oublier, six minutes devant ce peloton pléthorique, un coureur tout seul, Laurent Roux, qui n'est pas un aigle non plus. Échappé depuis le départ ou presque, Roux avait passé la Madeleine et le Glandon en tête, rêvant à loisir qu'il était Pantani.

Ce devait être une étape décisive et rien n'était décidé du tout. C'est alors que Lance Armstrong, qui traînait en queue de peloton, est remonté dans la roue de son domestique espagnol Luis Rubiera.

Le sacrament !

Je crois que Jan Ullrich et ses Telekom ont compris en même temps que moi que l'Américain les avait niaisés toute la journée. Un grand numéro. Avant de s'imposer à la pédale, Armstrong nous a joué hier la comédie, un rôle qu'il connaît bien : celui du mourant qui ressuscite.

La rumeur, immédiatement vérifiable sur l'écran des télés, est née dans la Madeleine : Armstrong, qui traînait en queue de peloton, n'était visiblement pas bien. Et cela devint encore plus évident dans le Glandon : décollé dans les lacets les plus pentus, l'Américain recollait difficilement, flanqué de Herras et de Rubiera, qui avaient l'air de deux infirmiers. La rumeur se répandit très vite, Armstrong n'était vraiment pas bien. Évidemment, tout le peloton était au courant. Ces étapes de montagne sont télévisées au complet, les directeurs techniques des équipes ont la télé dans leur auto et sont en liaison permanente avec leurs coureurs, l'information circule instantanément. Dans la Madeleine, la moto de France 2 s'est portée à la hauteur de la voiture de Johan Bruyneel, directeur de l'équipe US Postal.

Le journaliste : « Johan, Lance Armstrong n'a pas l'air bien... »

Silence embarassé de Bruyneel, qui finit par bredouiller : « Ouais, je ne sais pas ce qu'il a, j'espère qu'il va tenir... » Il ne faudra pas oublier de donner à celui-là l'Oscar du meilleur acteur de soutien. Du bluff. Du cinéma. De l'intox pour fourrer les Telekom qui, effectivement, se sont portés en tête du peloton et y sont restés toute la journée. Ullrich a usé ses meilleurs hommes à leur faire mener un train qui, s'imaginait-il, allait achever Armstrong, mourant à l'arrière. Le mourant se retenait de rire. Le mourant s'est amené en carrosse, pardon, en civière jusqu'au pied de l'Alpe d'Huez, et là...

Les coureurs quittent la rue principale du village de Le Bourg-d'Oisans, pour prendre à gauche vers le hameau de Ribot-d'en-Bas. Il reste alors exactement 15 kilomètres. Les premiers lacets sont les plus durs. On attendait le coup de grâce d'Ullrich, mais c'est Armstrong qui surgit dans la roue de Luis Rubiera. L'Espagnol est pleins gaz. Armstrong se retourne une première fois pour voir où est Ullrich. Il est là, l'Allemand, il dodeline de la tête, il est touché au moral. Il vient de comprendre qu'Armstrong s'est foutu de sa gueule toute la journée. Armstrong crie à Rubiera d'en remettre une couche, de donner tout ce qu'il a. Il se retourne une seconde fois, regarde Ullrich dans les yeux, c'est-à-dire dans les lunettes, et place un démarrage meurtrier. Ullrich est resté planté. Tous sont restés plantés. Beloki, Botero, Jalabert, Moreau. Tous. Le Tour s'est joué en 10 secondes exactement.

Armstrong a monté l'Alpe à la moulinette. À la Pantani. En « spinant », sauf pour les derniers 500 mètres, il a fait toute la montée sur la 39 x 23. Il est monté si vite qu'il semblait se jeter sur la foule qui se refermait sur lui, le délivrait, puis le resaisissait à l'étouffer. Un très grand coureur qu'on se retient d'admirer tant il s'emploie parfois à être désagréable, mais un très grand coureur quand même, le meilleur de son temps.

À l'arrivée, il confirmait que son coup de bluff avait été prémédité, qu'il s'était délibérément servi de la télé pour piéger les Telekom en leur laissant croire qu'il était dans une mauvaise journée. La raison de cette comédie ? Son équipe est décimée. L'indispensable Tyler Hamilton est malade, Pena n'est pas remis de sa chute dans le contre-la-montre. « On était trois US Postal contre huit Telekom, alors j'ai eu l'idée de ce coup de bluff », reconnaît Armstrong.

À quatre kilomètres du sommet, pour contenir le public exalté, on a installé, cette année, des barricades. Armstrong a soudain eu toute la route pour lui et le soleil en a profité pour lui faire une ombre plus grande que lui. Cela prenait bien le soleil.

LA BÊTE

Grenoble, 19 juillet 2001 – Je suis allé attendre Lance Armstrong à son hôtel, le Blue Green Charmeil, dans un petit village pas très loin de Grenoble, Saint-Quentin-sur-Isère. Il est passé à deux pas de moi, dans le hall.

– Bonjour, monsieur ! Il ne m'a pas répondu. Son gorille, un Français, champion de boxe thaïlandaise, a aussitôt fait écran. Je me suis rabattu sur les coureurs italiens de l'équipe Fassa Bortolo, qui partageaient hier soir le même hôtel que les US Postal. « Armstrong vous parle-t-il, à vous, les coureurs ? Vous regarde-t-il, seulement ? »

– Il nous parle normal...

– Normal ? Vous trouvez normal qu'il ne signe pas d'autographes aux enfants, qu'il soit toujours flanqué d'un gorille, qu'il ne donne pas d'entrevues, qu'il n'entre pas dans une pièce s'il trouve qu'il y a trop de monde ?

– Il est obligé. Les gens l'arrêtent tout le temps. Il se ferait manger s'il laissait les gens l'approcher. Indurain était comme ça aussi.

– Indurain était gentil, lui.

– Armstrong aussi est gentil, l'a défendu le jeune coureur italien.

Je me suis encore retrouvé sur son passage quand il est sorti de la salle à manger.

– Bonsoir, monsieur Armstrong. Cette fois, j'ai eu droit à un hochement de tête. Les conversations avaient baissé d'un ton. À côté de moi, un coureur italien qui parlait à un correspondant à Rome ou à Milan a dit en aparté : « La bête vient de passer. »

Aux cuisines, on ne savait pas trop si on pouvait répondre à mes questions.

– Vous pouvez bien me dire s'il a commandé quelque chose de spécial ?

– Un risotto avec beaucoup de parmesan.

– Il a pris du vin ?

— De l'eau claire.

Tenez-vous-le pour dit, méchantes langues.

Aujourd'hui, la bête a encore joué avec Ullrich, mais sans l'achever, dans le contre-la-montre de Chamrousse. Une montée de 18 kilomètres. On n'imagine pas deux styles plus différents. Ullrich monte assis sans un tressaillement, comme pris dans un corset. Il pousse un braquet énorme. Souple, efficace, régulier. Une Mercedes. Armstrong monte en danseuse, le coup de pédale fébrile. Le maillot est dézippé, on voit jouer les muscles, on sent battre le sang de la bête.

CE QUE J'AIME LE PLUS

Foix, 22 juillet 2001 – Lance Armstrong a encore été géant et, pour une fois, émouvant. Du grand vélo. Du grand théâtre sur une scène de 200 kilomètres. On y a joué un drame, en fait plusieurs petits drames. On a joué la vie et la mort. Et dans quel décor ! Les Pyrénées sont belles, je l'ai dit. Belles parce que vraies, pas bétonnées comme les Alpes. On a traversé des villages oubliés aux noms qu'on oublie aussitôt, Tramezaïques, Aragnouet, Rioumajou. Les torrents ont le droit de les traverser en plein milieu. Et pour la première fois depuis le départ, il faisait beau. Un seul nuage dans le ciel, un seul, et il était au-dessus de la tête de Jan Ullrich.

Hier, l'Allemand s'est battu comme le taureau, tête baissée, aveuglément. Si aveuglément que dans un virage de la descente de Peyresourde il est passé tout droit. On l'a vu entrer dans un bouquet d'arbres cul par-dessus tête, puis plus rien. Il y a eu un moment d'angoisse.

Était-il au fond du ravin ?... Il a aussitôt réapparu poussant son vélo dans la caillasse, le maillot déchiré. Attendu par son coéquipier Kevin Livingston.

Ullrich avait attaqué dans la montée de Peyresourde. Une charge violente. Tous avaient décroché, sauf Armstrong, Beloki, Herras et Livingston. Sa chute annulait tout. Il avait bien perdu une minute et demie. À 80 km/h, cela fait deux kilomètres. Armstrong était deux kilomètres devant. Que croyez-vous que fit l'Américain quand il a su que Ullrich était tombé ?

Il a attendu.

C'est ce que j'aime le plus du vélo : son code d'honneur. Quand Ullrich est revenu à sa hauteur, Armstrong lui a fait signe : « Ça va ? » Ça va, a répondu l'Allemand. Et ils sont repartis pleins gaz.

C'est ce que j'aime le plus du vélo : le théâtre.

On a atteint le col de Val-Louron, le cinquième col de cette étape démente. Ullrich toujours furieux. Le cuissard en lambeaux. Donnant encore de la corne. Armstrong dans son sillage. Rubiera, Herras, Kivilev, Beloki, qui avaient recollé dans la descente, les accompagnaient. Devant, il y avait Jalabert, en échappée depuis 150 kilomètres. Il avait compté jusqu'à 10 minutes d'avance. Au pied du Pla d'Adet, il n'en gardait plus que trois.

Restait la dernière montée. La pire de la journée. Il ne faut pas avoir de très bonnes lunettes pour appeler cela le Pla d'Adet. Tout sauf plat. Une pente teigneuse. C'est ce que j'aime le plus du vélo : la démesure. Cinq cols, 180 kilomètres, et la vraie course ne fait que commencer. Nouvelle charge d'Ullrich. Armstrong ne décolle pas d'un millimètre. Son lieutenant, Roberto Herras, l'accompagne. Trois autres fois, Ullrich repartira à l'assaut. Debout sur les pédales comme il ne le fait jamais. Trois fois il échouera. C'est fini et il le sait. Quand Herras prend le relais, il sait très bien ce qui l'attend.

C'est ce que j'aime le plus du vélo : la mise à mort. Le vélo est un sport de durée. Comme la vie. À la fin, on meurt... Herras a planté les banderilles. Le taureau soufflait le sang par les naseaux. Le toréador a plongé son épée.

Ullrich est resté cloué à la route. En moins de deux kilomètres, Armstrong avait rejoint Jalabert, en passant à côté il lui a fait un signe : « Prends ma roue... et en haut je te laisse gagner. »

C'est ce que j'aime le plus du vélo : son code d'honneur. On ne passe pas à côté d'un gars qui vient de faire 162 kilomètres tout seul en échappée sans lui faire une fleur. Même si on ne l'aime pas. Armstrong et Jalabert ne s'apprécient guère.

Cela date d'il y a longtemps. Encore la semaine dernière, Jalabert souhaitait publiquement la victoire d'Ullrich... Évidemment, c'était un cadeau de Grec ; Jaja n'a pas été capable de prendre la roue d'Armstrong, qui devait bien le savoir. L'Américain s'est envolé seul. Une arrivée triomphale. En franchissant la ligne, il a refait le geste qu'il avait fait il y a six ans, les deux doigts pointés au ciel : Pour toi, Fabio... Fabio Casartelli, qui s'est tué en descendant le Portet d'Aspet il y a six ans. Casartelli était le coéquipier de Lance Armstrong dans l'équipe Motorola. Le lendemain, les coureurs avaient roulé les 237 kilomètres de l'étape dans un silence complet, à une allure d'enterrement. Deux jours après, Armstrong, qui n'était pas le grand coureur qu'il est aujourd'hui, gagnait en solitaire. Et il avait eu ce geste en franchissant la ligne, les deux doigts pointés au ciel vers son ami. Geste qu'il a répété hier.

C'est ce que j'aime le plus du vélo. Son théâtre qui exagère. Le maillot jaune, le maillot noir. La vie, la mort, les petites morts des coureurs à l'arrière. Hier, la petite mort de François Simon. Il devait perdre moins de neuf minutes sur Armstrong pour garder son maillot jaune. Il en a perdu 13 et demie.

Kivilev s'est bien défendu, les Espagnols ont encore déçu...

Et maintenant ?

C'est ce que j'aime le moins du vélo. Quand c'est fini, ils continuent de pédaler quand même au lieu de prendre le train pour Paris. Tenez, aujourd'hui, ils vont monter le Tourmalet – cette montagne sacrée pour tous les cyclistes du monde entier –, ils vont monter le Tourmalet, disais-je, absolument pour rien. Le Tour est fini.

S'IL AVAIT VOULU

Pau, 23 juillet 2001 – S'il s'en était donné la peine, Lance Armstrong aurait pu enlever sa quatrième étape hier à Luz-Ardiden. Il a bien fait de se retenir. Déjà qu'il se fait siffler chaque jour aux arrivées quand il monte sur le podium, hier il se serait fait lancer des tomates par les Basques.

Quand il a attaqué la montée vers Luz-Ardiden, Roberto Laiseka, de l'équipe basque Euskaltel-Euskadi, n'avait guère qu'une minute et demie d'avance sur un petit peloton emmené par Armstrong et Ullrich. Pensez-y, une montée de 13 longs kilomètres, une courte avance d'une minute et demie... Si Armstrong avait voulu, un coup de mobylette et hop ! il bouffait le Basque. Il s'est contenté de neutraliser Ullrich. Qui, lui, s'est contenté d'assurer sa seconde place en éloignant Beloki et Kivilev.

Dans les derniers kilomètres, pour l'honneur, Ullrich a tenté une ultime fois de « décramponner » l'Américain. Mais on voyait bien qu'il n'y croyait pas. Ils ont finalement franchi la ligne la main dans la main.

Pendant ce temps, la montagne fêtait son héros, ce Roberto Laiseka grisonnant (il a 32 ans), grand prix de consolation d'un contingent espagnol fort décevant à ce Tour de France. Ils étaient des milliers et des milliers dans le Tourmalet et dans la dernière ascension, vêtus d'orange, la couleur des maillots d'Euskaltel-Euskadi. Des milliers à espérer une victoire basque. Ils étaient arrivés la veille de Bochagavia, de Biscaye, d'Alava. Les Basques sont les derniers vrais fous de vélo. Armstrong a bien fait de ne pas gâcher leur fête.

LE JOUR ET LA NUIT

28 juillet 2001 – L'un a été élevé par sa mère, dans la grande banlieue de Houston, au Texas.

L'autre aussi a été élevé par sa mère. À Rostock, port lugubre de la Baltique, Allemagne de l'Est. C'était à l'époque où le Mur séparait encore deux mondes.

Les apparences sont trompeuses. Le plus gâté des deux n'est pas celui qu'on pense. « Je n'ai jamais été malheureux en RDA, reconnaît Jan Ullrich. Le système était libéral et généreux avec les athlètes de haut niveau. J'avais tout ce que je voulais. C'est quand le mur de Berlin est tombé que j'ai commencé à m'inquiéter pour mon avenir. »

Lance Armstrong l'a eu moins facile. Le Texas vient de passer une loi qui interdit à deux cyclistes de rouler de front, c'est vous dire qu'il faut avoir une sacrée envie de gagner le Tour de France pour faire du vélo au Texas au lieu de jouer au football. « Quels auront été vos moments de plus grand bonheur à ce Tour de France ? » lui a demandé un confrère au lendemain des Pyrénées. La réponse de l'Américain est tombée sans hésitation : « Que ce soit au Tour ou à l'entraînement, ce que j'aime du vélo, c'est cet instant de bien-être qu'on ressent juste après s'être fait vraiment mal. »

Ullrich, c'est le contraire. Ce qu'il aime le moins du vélo, c'est de se faire mal. Quand il a débarqué à l'Ouest après que le mur soit tombé, il ne savait trop où aller et, à tout hasard, il est entré dans une pâtisserie. L'illumination ! L'extase ! C'est ça qu'il veut faire désormais dans la vie : manger des babas au rhum et des éclairs au chocolat. Il prend 10 kilos en une demi-heure. Son entraîneur le sort de la pâtisserie à coups de pied au cul. Son immense talent lui permet quand même de devenir champion du monde amateur. Engagé par Telekom, il finit deuxième à son premier Tour de France. Il gagnera le suivant, et devient très riche et très gros. Et comme il n'aime pas souffrir, cela lui prend des mois pour maigrir, et quand il est enfin maigre, la saison est presque finie.

Armstrong, c'est le contraire. Il aime souffrir. Il aime cet instant de bien-être qu'on ressent juste après s'être fait vraiment mal. Un jour, Armstrong s'est fait vraiment très, très mal. Même qu'il allait mourir. Et puis, il n'est pas mort. Alors maintenant, même quand il se fait vraiment très mal, il a même pas mal.

DÉSENCHANTEMENT

30 juillet 2001 – Ce ne fut pas un grand Tour de France, mais il a été gagné par un immense champion. D'ailleurs, ceci explique cela. Ce ne fut pas un grand Tour de France parce que Lance Armstrong l'a dominé de bout en bout sans laisser place au plus petit suspense. Que ce soit dans le contre-la-montre de Chamrousse, sur le Plateau de Bonascre, au Pla d'Adet, le Texan était intouchable. Même fatigué, il a écœuré une dernière fois tout le monde dans le contre-la-montre de Saint-Amand hier.

Ce ne fut pas un grand Tour de France, mais il aurait pu être totalement insignifiant sans un exceptionnel Ullrich pour donner la réplique à Armstrong. C'est finalement l'Allemand qui a sauvé le show. Ce ne fut pas un grand Tour de France parce que derrière Ullrich et Armstrong, rien. Des Espagnols décevants, des Italiens inexistants, des Français... pas mal. Les Français, le panache de Jalabert, le maillot jaune de François Simon acquis dans l'échappée de Pontalier qui a pris 35 minutes au peloton, les Français s'en sortent bien finalement.

Ce ne fut pas un grand Tour de France côté ambiance non plus. Moins de monde sur les routes en général. Des vieux, des enfants, pas de jeunes, pas de foule en délire, le Tour a été plus ou moins bien reçu à Anvers, à Sarran, à Grenoble, à Pontarlier... Comme une lassitude, dirait-on.

Ce ne fut pas un grand Tour de France, sauf pour ce qui est de la sérénité. Ah ça ! On n'a pas manqué de sérénité. Les dirigeants du Tour s'en félicitaient bruyamment tous les jours. Pas un seul contrôle positif. Circulez, messieurs les journalistes, il n'y a plus rien à voir. Tout est beau. Tout est propre. Sauf que les contrôles ne contrôlent rien, tout le monde le sait. Les nouveaux produits sont d'autant moins détectables qu'on ne sait pas ce qu'on cherche ; les anciens – les corticoïdes surtout – sont délivrés sur ordonnance à plus de la moitié des coureurs du peloton.

Armstrong a été hué au Pla d'Adet, après une étape d'enfer. Du très, très grand vélo, mais des huées pour finir. Qui sifflait-on ? L'Américain ? L'athlète ? J'ai eu l'impression que l'on huait Superman. On appelle cela du désenchantement.

BRILLANT

Le Bourg-d'Oisans, 14 juillet 2003 – Je me souviens de l'époque où Lance Armstrong ne savait pas courir. Il était con comme un Texan peut l'être sur un vélo, tout le peloton riait de lui. Aujourd'hui, c'est peut-être le coureur le plus brillant du peloton.

Hier, les journalistes disaient qu'Armstrong avait été mis en difficulté dans l'Alpe d'Huez. Pas vrai. Il n'a pas écrasé le Tour comme il a l'habitude de le faire dans la première étape de montagne. Ça, c'est vrai. Mais il n'était pas en difficulté. Attaqué de toutes parts, il a montré un sang-froid, une intelligence qui ont rendu cette montée de l'Alpe d'Huez passionnante et lumineuse.

Reprenons. Au pied de l'Alpe, les US Postal font exploser le peloton. Dans l'accalmie qui suit, Joseba Beloki attaque. Armstrong a l'intelligence de ne pas courir après. Il fait donner sa garde et Beloki est rejoint au train. Iban Mayo, un pur grimpeur, attaque aussitôt en contre. Et Armstrong laisse faire. « Armstrong en difficulté », gueulent les commentateurs. N'ont rien compris. Armstrong n'a rien à foutre de Mayo. Mayo ne gagnera jamais le Tour de France. Il perd trois minutes dans un contre-la-montre et il en reste deux d'ici Paris. Le gars à surveiller, c'est Beloki. Armstrong le marque à la culotte. À chaque accélération de l'Espagnol, l'Américain est sur son porte-bagages. Facile à part ça. Il lui prend même les huit secondes de bonification de la troisième place.

Et qui a mangé une claque dans la bataille ? Jan Ullrich. Si Armstrong est battu à ce Tour, ce sera par Ullrich. Mais Ullrich a été décroché hier. Et Beloki neutralisé. Journée parfaite pour Armstrong. Je ne vous dis pas qu'il a gagné le Tour. Je vous parle de sa course d'hier. Je me souviens de l'époque où Armstrong ne savait pas courir. Le Armstrong de cette époque-là aurait perdu le Tour hier. Il aurait couru après Beloki, après Mayo, après Vinokourov. Et il se serait fait planter.

FORT ALAMO

Plateau de Bonascre, 20 juillet 2003 – Lance Armstrong se doute maintenant qu'il ne gagnera pas le Tour de France. Il a encore le maillot, mais si peu. Quinze minuscules secondes. Ce n'est plus un maillot, c'est une peau de chagrin.

Si vous aimez le cyclisme pour son décor nature, vous auriez adoré hier la vue du haut du port de Pailhères, l'enfilade des vallées de la Haute-Ariège. Vous auriez moins aimé la canicule, une sorte de vide brûlant d'où s'élevaient des vapeurs bleutées, comme si c'était du ciel fondu. La course a explosé au pied du port de Pailhères justement. Je ne vous parle pas de la course pour la victoire de l'étape – réglons cela, l'étape est allée à Carlos Sastre, un équipier de Tyler Hamilton. Une belle chevauchée, mais on n'en retiendra rien. Les choses importantes se sont passées derrière. Ils étaient tous là, Armstrong, Ullrich, Vinokourov, Hamilton, Zubeldia, Iban Mayo, tout ce beau monde tiré par Manuel Beltran à qui Armstrong avait demandé de faire le ménage. Si vous aimez le cyclisme pour la pédale, vous seriez forcément tombé sous le charme de ce Beltran hier. La classe des grands serviteurs.

Dans le port de Pailhères, cet idiot d'Iban Mayo a attaqué deux fois alors qu'il n'en avait pas les moyens. Les deux fois,

Armstrong est allé le chercher. Les deux fois, Ullrich était à la parade, facile. Je crois que c'est à ce moment-là qu'Armstrong a commencé à douter. Les visages disaient tout. Celui, imperturbable, d'Ullrich. Celui, d'étain, d'Armstrong. Pourquoi Ullrich a-t-il tant attendu pour l'attaquer ? Il ne restait que trois kilomètres quand l'Allemand s'est décidé. Et encore, il a fallu que Vinokourov allume la mèche.

Il restait donc trois kilomètres. Aimar Zubeldia attaque. Armstrong le rejoint en y laissant toutes ses énergies. C'est ce qu'a compris Vinokourov, qui relance aussitôt. Armstrong est lâché sur l'attaque de Vino. Ullrich le passe à son tour. L'Américain est soudé à son vélo, lourd, défait. Et c'est au tour de Zubeldia de le décramponner. C'en est assez ! C'est Fort Alamo que vous voulez ? L'Américain se dresse sur ses pédales, s'accroche, pioche, se bat comme un chien. Il ne concèdera finalement que sept secondes à l'Allemand. Si ce n'est pas Armstrong qui a perdu le Tour aujourd'hui, alors c'est Ullrich. Mais le Tour s'est joué ici, c'est sûr.

Si vous aimez le cyclisme pour ces petits drames qui se nouent à la hauteur des nids d'aigles, dans les à-pics de caillasse, alors vous comprenez pourquoi je m'emmerde tant dans les étapes de plat. Si vous aimez les hallalis, ne fermez pas votre appareil : Fort Alamo, c'est pas fini. L'Américain va craquer encore, il n'a pas fini de mourir les armes à la main.

LES REBONDS DU DESTIN

Luz-Ardiden, 22 juillet 2003 – Si je ne pleure pas aujourd'hui, quand Lance Armstrong sort des nuages en danseuse au sommet de ces Pyrénées si belles, si je ne pleure pas quand il surgit comme expulsé du ventre de cette foule profuse, si je ne pleure pas quand il tombe, si je ne pleure pas quand il se relève, et qu'il passe à un cheveu de rechuter en déchaussant, si je ne pleure pas, je fais quoi ? Je prends des notes ?

Si je ne pleure pas quand Ullrich, voyant son rival à terre, fait signe aux autres qu'il faut ATTENDRE l'Américain, si je ne pleure pas, alors c'est que je dis des conneries quand je dis que le sport est au centre de ma vie, de ma culture. Vous comprenez bien sûr ce que signifie, ici, attendre. Cela signifie perdre le Tour. La victoire finale se jouera samedi pour une poignée de secondes. Je continue de croire qu'Ullrich va gagner le Tour. Mais supposons qu'il le perde par 10 secondes. Il ne faudra pas oublier de dire que ces secondes-là sont magnifiques.

Si je ne pleure pas quand, revenu sur Ullrich et les Basques, Armstrong attaque aussitôt, sans pitié, incisif, à nouveau géant ; si je ne pleure pas quand, passant à côté de Chavanel, dernier rescapé d'une échappée de 130 kilomètres et maintenant planté dans la montagne, il lui donne une petite tape d'affection dans le dos ; si je ne pleure pas aujourd'hui, alors je n'ai plus le droit, jamais, d'écrire une seule ligne dans les pages sportives d'un journal. Si je ne pleure pas, je rentre à Montréal, je vais voir mon boss et je lui dis : « Boss, j'aimerais que tu m'envoies à Ottawa couvrir la politique fédérale. »

Du grand vélo. Un grand moment. Quand le destin rebondit. Appelons l'étape d'aujourd'hui « les rebonds du destin ». Venez donc me dire que vous n'avez pas cru que c'était fini quand, à huit kilomètres du sommet du Tourmalet, un peu passé La Mongie, dans le plus dur du col, Ullrich attaque et prend 50 mètres sur une seule accélération. Les Allemands criaient leur joie. C'est fini. C'est fini. Ce n'était pas fini. Armstrong est revenu. Oh que ce fut difficile. Oh qu'il a souffert. Mais il est revenu dans la roue de l'Allemand.

Sur l'attaque d'Ullrich, Vinokourov a été lâché, mais les deux Basques, Mayo et Zubeldia, sont en embuscade. Ils croient encore que ce sera leur jour de gloire. Ne sont-ils pas a casa ? N'est-ce pas leur montagne ? Leurs partisans ? Les uns et les autres vont grandement déchanter. Nous voilà dans la montée finale. Il reste 10 kilomètres. Mayo attaque, Armstrong saute dans sa roue, et Ullrich dans la roue de l'Américain. Mais Armstrong en remet une couche. Sa première attaque depuis le départ du Tour. On le disait contrarié par ses problèmes conjugaux. On le disait moins motivé. On le disait moins bien entouré. Un peu patraque. Le voilà qui attaque. Il flingue. Il cravache. Ullrich et les Basques dévissent. Armstrong coupe le virage, se rabat sur la foule, trop près de Lance, trop près, la bretelle de la musette d'une spectatrice se prend dans la cocotte de son frein droit, il tombe lourdement comme un bœuf pris au lasso dans un ranch de son Texas. Pour rebondir, le destin doit d'abord tomber. Armstrong tombe. Il prendra une bonne part de la faute : « Je roulais trop près des gens. »

Armstrong est tombé. Il se relève, se tâte, secoue son vélo des fois qu'il en tomberait des morceaux. Encore une fois, un seul cri : c'est fini ! Ce n'était pas fini. Devant, Ullrich a fait signe aux Basques qu'il fallait attendre l'Américain. Il est déjà là d'ailleurs l'Américain, une formidable montée d'adrénaline l'a transformé en fusée. Il passe sans dire merci. Il attaque encore, suivi de Mayo qui ne soutiendra pas longtemps la cadence. Armstrong file seul vers Luz-Ardiden. Il a retrouvé toute sa fluidité, impressionnante machine à pédaler.

Décidément, ce garçon n'aime rien tant que de ressusciter alors que tout le monde l'a enterré.

J'étais là quand il est arrivé. Il rayonnait d'un grand bonheur. « Lance, lui a demandé le gars de la télé, Lance, êtes-vous confiant maintenant de remporter votre cinquième Tour de France ? »

— Je ne pense pas à cela.
— À quoi pensez-vous ?
— Je pense que je viens de passer une magnifique journée.
Nous aussi, monsieur, nous aussi.

SA PLUS BELLE

Nantes, 27 juillet 2003 – Lance Armstrong s'est levé tôt. Il a déjeuné. Il a fixé lui-même un de ses vélos d'entraînement sur le toit de l'auto de Johan Bruyneel et ils sont partis pour Pornic. Comme deux cyclos qui partent pour une virée un samedi matin, sauf qu'avec la pluie qui tombait hier, les cyclos, les vrais, ne sont pas sortis. À l'heure où Lance et son directeur technique sont arrivés dans le petit port de pêche, Pornicais et Pornicaises dormaient encore, peut-être même qu'ils « fornicaisent », va savoir. Peut-être aussi que Bruyneel aura lu comme moi les notes touristiques qu'on nous refile à chaque étape, et peut-être qu'en entrant dans Pornic il aura dit à Armstrong : « Savais-tu, Lance, que Lénine et sa femme avaient vécu ici ? » Mais je ne croirais pas qu'ils aient parlé de Lénine. Bruyneel est un taiseux, comme souvent les Flamands qui dansent sans rien dire, et Armstrong était déjà entré dans sa bulle.

Place de la Gare, à Pornic, on mettait la dernière main à la rampe de lancement d'où s'élancerait le premier coureur un peu avant 11 heures. La pluie battait le pavé et la météo disait qu'on en aurait pour la journée. Un technicien qui zigonnait après des câbles dans un coin poussa du coude son copain : «Dis donc, c'est pas Lance Armstrong que je vois là-bas ? »

– Armstrong ! T'es malade !

C'était bien lui pourtant qui venait d'enfourcher son vélo. Il allait repédaler ce parcours qu'il était déjà venu reconnaître en mai dernier. Il voulait le revoir sous la pluie. Il a enroulé doucement, 52 x 15, comme un cyclo, pour ne pas risquer de contractures. Il est rentré à 30 km/h, Bruyneel le suivait dans la voiture, évidemment. À Nantes, il est allé jusqu'à la ligne d'arrivée dont on n'avait pas encore dressé la banderole. Il s'est arrêté au pied des hautes murailles du château des Ducs de Bretagne en se disant que ce devait être à peu près là.

À son hôtel, il a demandé à ses coéquipiers Ekimov, Hincapie et Pena de faire le parcours à fond et de lui rapporter toute observation utile. Puis il est allé se recoucher.

Et Jan Ullrich pendant ce temps-là ? Ullrich dormait comme un bébé.

N'aurait-il pas dû, comme Lance Armstrong, aller reconnaître le parcours ? Franchement, cela n'eût rien changé. Ullrich serait quand même tombé. La prudence n'était pas une option dans son cas. Il devait tout tenter. Ce qu'il a fait. Bravement. Même qu'on y a cru un tout petit instant. Parti comme un avion, après deux kilomètres il avait déjà repris six secondes à Armstrong ! Loin de s'affoler, Armstrong veilla à ne pas se désunir. Il revint à deux secondes, puis à une, puis à rien. Puis c'est lui qui prit l'avance. La reperdit. On eût dit qu'il était à la pêche : il donnait du fil à Ullrich, en reprenait, exactement comme on fatigue un gros poisson. Sentant venir la fin, le poisson se débattit une dernière fois. Dans le tournant où Ullrich est tombé, au moins quatre autres coureurs avaient chuté avant lui : Peschel, David Millar, Marzio Bruseghin, David Plaza. Quand Rudy Pévenage, son directeur technique, vint l'aider à se remettre en selle, on vit qu'il pleurait.

Ce même tournant, Armstrong le prit presque arrêté. Et les suivants aussi. Il n'avait plus aucune raison de se presser. Il venait de gagner son cinquième Tour de France. Son plus beau.

Sa force mentale, on connaissait. Son intelligence de la course, on connaissait. Ce qu'on a compris cette année, c'est qu'elles s'ancraient dans une incroyable passion du vélo. Ce type que l'on dit distant – et il l'est dans ses relations avec la presse et avec la plupart des autres coureurs –, ce type pas toujours sympa s'anime dès qu'il est question de vélo, excité comme un junior qui vient de gagner sa première course. « Ma passion ne s'éteindra jamais, déclarait-il au départ du Tour, il y aura toujours des vélos dans ma vie et dans mon garage. »

Cette victoire, il la doit à ce perfectionnisme qui le fait se lever aux aurores pour aller rouler 50 kilomètres sous la pluie pour bien « sentir » les trajectoires. Il la doit à cette façon de s'immerger totalement dans le Tour de France, de s'imprégner de la course, de voir à tous les détails, de prendre un soin maniaque de son vélo. Hier encore, équerre en main, il a demandé à son mécano de relever la potence d'un millimètre, de reculer la selle de deux, de la relever d'un poil, de la remettre comme elle était, 10 fois il est allé rouler quelques mètres pour dire à la fin : « OK, ça va. »

Cette victoire, il la doit à son style de pédalage, baptisé « moulin à café », maintenant une marque déposée. Ce coup de pédale qui fait primer la vélocité sur la puissance, ce n'est pas l'invention du siècle, pourtant les autres n'y arrivent pas (sauf Tyler Hamilton). C'est qu'il y a là-dedans plus de souffrance que de technique. « C'est vrai, j'aime la souffrance », disait-il cet hiver à *Sports Illustrated*.

MIGUEL INDURAIN

LE PLUS BEAU

San Sebastian, 5 juillet 1992 – Ils viennent de San Sebastian, mais surtout des campagnes alentour. Des fermiers, comme Miguel Indurain, leur idole qu'ils ont naturalisée Basque même s'il est plutôt de Navarre... Ils ont appris le vélo comme Indurain. En pédalant de ferme en ferme, de bosse en bosse. Plus ils approchaient de l'école, plus le peloton était gros et plus ils essayaient de « se flinguer ». Pareil au retour. Trente, 40 kilomètres par jour, parfois plus.

Douze coureurs basques au départ de ce Tour... Douze mille coureurs licenciés au pays basque pour moins d'un million d'habitants. Les meilleurs coureurs d'Espagne. Dans la région de San Sebastian, une course tous les deux jours pour les cadets, et il faut limiter les inscriptions sinon le peloton serait trop gros pour les petites routes du coin...

« Regardez Indurain comme il est beau sur un vélo. Le plus beau. Y bouge pas. Les jambes, bien sûr, dang, dang, dang, des pistons. Et souple, hein. Mais le reste, une statue ! Le plus beau. » Un fan, comme il y en avait des milliers sur le Paseo de la Concha, m'abritait sous son parapluie, tout près de la rampe de lancement du prologue. Indurain venait de s'élancer, porté par une immense clameur. L'Ikurrina, le drapeau croisé des Basques, flottait haut. Il y avait aussi des pancartes avec la photo des prisonniers politiques.

Miguel les a tous flingués. Pas les prisonniers politiques, nono. Les Bugno. Les LeMond. Les Leblanc. Bauer à 25 secondes, c'est plutôt bien pour lui. Un parcours technique qui interdisait d'enrouler de trop gros braquets. Fallait relancer à tous les coins de rue. Et le retour dans le vent de la mer. Longtemps Las Cuevas, un jeune Français, a imposé son temps. Puis crac, un Suisse sorti de nulle part, Alex Zülle, a fait un trou de neuf secondes. Complètement inconnu, qu'allait-on écrire ?

Indurain a réglé notre problème. Lui, on le connaît. C'est le plus beau.

UN AVION EST PASSÉ TRÈS HAUT
Luxembourg, 14 juillet 1992 – Droit comme le « I » majuscule de son nom. Mais aussi comme le I, majuscule encore, de « Impérial ». Indurain s'est élancé sur l'autoroute où se disputait hier le premier contre-la-montre de ce Tour. Et cette autoroute, Indurain a été le seul à la mériter à l'ahurissante moyenne de 49 km/h. Une piste cyclable eût suffi à tous les autres.

Au tiers du parcours, le tiers le plus facile, Bugno avait déjà concédé une minute. LeMond, 45 secondes. Il y a eu deux courses hier. Une en avion. Une à pied. Indurain est passé très haut, si haut que lorsqu'il a rejoint Fignon, parti six minutes avant lui, il ne l'a pas reconnu. « Qu'avez-vous pensé, quand vous avez rejoint Fignon, vers la fin ? » Réponse : « Ah, c'était Fignon ? Je me demandais. » Les spécialistes de l'exercice, les Bugno, LeMond, Roche, relégués à près de quatre minutes. Chiappucci comme Leblanc, à six. Steve Bauer, très éprouvé, à la dérive dans le vent, à huit minutes et demie. Ce qu'ils ont dit ? Rien. Les grands malheurs sont muets. Sauf Chiappucci, qui a dit des bêtises comme d'habitude. Il a dit : « C'est pas fini. » Et il a ajouté, mais on voyait qu'il n'en était pas si sûr : « C'est pas le bon Dieu quand même ! »

— Je ne pensais pas gagner avec autant d'avance, a commenté Indurain, sobrement. C'était dur quand on longeait la rivière (la Moselle), à cause du vent. C'est là que ça s'est joué. J'ai simplement donné le maximum.

On lui a demandé s'il allait maintenant prendre des initiatives dans la montagne qui s'en venait : « Je ferai la course à ma façon », a expliqué le Navarrais, sans se départir de son calme. C'est d'ailleurs son mot préféré, celui qu'il répète sans arrêt en course pour calmer ses coéquipiers : tranquillo. À 49 km/h, c'est bien sûr une image.

LE CHEF-D'ŒUVRE

Aurillac, 23 juillet 1992 – J'ai passé une journée magnifique à pédaler l'Auvergne, à traverser des villages aussi endormis que les volcans au pied desquels ils sont nichés. J'ai passé la journée à penser à ce Tour de France, à ce chef-d'œuvre signé Miguel Indurain. Je ne vous parle pas du show. Ce ne fut pas un bon show. Je vous parle de la course de Miguel Indurain dans sa pureté, dans son dépouillement (tout le contraire d'un show), dans sa forme « janséniste », oserais-je dire. Une course qui confine au chef-d'œuvre, plus qu'à l'exploit.

On dit de Miguel Indurain qu'il est avare de son talent. Quelle bêtise. Il l'a épuré, au contraire, de tout le clinquant de la gloire, de la foire. Diamant brut dans un peloton de pacotille. On dit d'Indurain qu'il ne donne pas un coup de pédale de trop. Autre bêtise. Reproche-t-on à Charles Dutoit de ne pas ajouter quelques mesures au *Boléro* ?

Miguel Indurain qui s'apprête à remporter son troisième Tour de France consécutif est tout simplement la plus belle chose qu'on ait vue sur un vélo depuis Fausto Coppi. Un art de courir qui renoue avec une chevalerie de la pédale disparue à l'arrivée des grands cannibales que furent Merckx et Hinault notamment.

DÉJÀ !

Puy-du-Fou, 4 juillet 1993 – Indurain, qui d'autre ? Dans la cour du château du Puy-du-Fou, 150 000 spectateurs attendaient une surprise. La foule, « travaillée » depuis des semaines par une presse tannée de l'Espagnol, attendait Zülle, Rominger, Thierry Marie, Bugno, n'importe qui, mais pas Indurain.

Ce fut Indurain.

Ce 80e Tour de France est parti de bien rugueuse manière, sur un parcours agrémenté d'une longue côte à 15 %, sous un soleil qui cognait à grands coups de marteau. Au bout de leur effort de sept petits kilomètres, les coureurs se laissaient tomber dans l'herbe en sacrant après la putain de côte. « The f... hill ! » a dit l'Américain Frankie Andreu. « La vache ! » a dit le tout jeune Français Laurent Desbiens de Castorama, ajoutant : « Je suis curieux de voir si les costauds vont *se la faire* sur le grand plateau. »

Oui, mon garçon. Indurain « se l'est faite » sur la 54, sans une grimace, sans un « han », sans une crispation. Lisse. De marbre. Pas de grands dégâts. Zülle à huit secondes. Bugno à 11. Rominger à 14. Chiappucci à 20. Tout de même un petit coup au moral. À sa manière silencieuse, Indurain vient de leur dire qu'il ne faut pas croire ce qui est écrit dans les journaux.

MOINS QUE PRÉVU

Lac de Madine, 13 juillet 1993 – Cette fois, Indurain ne les a pas écœurés. Dans le contre-la-montre de 59 kilomètres du lac de Madine, au premier vrai test de ce Tour, il s'est contenté de remettre les favoris à leur place : derrière lui. Gianni Bugno et Breukink à un peu plus de deux minutes. Rominger et Zülle à trois minutes. La leçon est cinglante. Pas humiliante comme les autres fois.

Sur la route bosselée qui serpentait dans les vergers de mirabelliers (les mirabelles sont des petites prunes jaunes qui ne poussent pas sur les pistes des aéroports), Indurain n'a pas refait son numéro de l'an dernier à Luxembourg. Il n'a pas assommé le Tour en creusant des écarts définitifs. Miguel n'aime pas le froid, ni la pluie. Et justement, on gelait hier sur les coteaux de la Meuse. Sans parler des rafales de pluie et de vent. Un vrai temps lorrain. Un beau parcours pourtant. Et un beau pays tout en demi-teintes. Les minuscules villages se recroquevillaient un peu plus encore au passage de ces extra-terrestres, avec leurs casques profilés, leurs roues lenticulaires, leurs mains jointes au bout de leur guidon d'appui, pour une prière à qui ?

Soudain, on vit Miguel Indurain sortir de son impassibilité, se saisir de son casque et le lancer dans le champ. Après la course, il a dit que c'est à cause de la pluie sur la visière. Mais un confrère espagnol qui le suivait dans la voiture d'Echevarri, son directeur technique, nous proposa une autre version : « Indurain a perdu son calme. On venait de lui annoncer que son avance sur Bugno plafonnait. »

L'Italien, c'est vrai, a fait grosse impression hier. Tout en souplesse, visiblement aussi bien dans sa tête que dans ses jambes, ce qu'il nous confirmait à l'arrivée : « C'est la première fois que je ne fige pas au départ d'un duel avec Indurain. Je lui ai quand même concédé deux minutes, ce type est une incroyable machine à rouler... »

Derrière les favoris plus ou moins épargnés, les dégâts sont lourds. Si quelques-uns ont pu s'accrocher aux branches, comme Delgado, Mottet, Roche, Alvaro Meija et même Lance Armstrong (à plus de six minutes quand même), d'autres, comme Bauer, se sont carrément noyés. Steve a terminé très éprouvé, concédant 11 minutes et demie à Indurain. La même déroute qu'à Luxembourg l'année dernière.

Résumons-nous : premier Indurain, et dernier Indurain aussi. Le petit frère Prudencio, dernier à 18 minutes ! Lui, il va se faire engueuler ce soir ! (Ils partagent la même chambre.)

L'EXÉCUTION

Grenoble, 15 juillet 1993 – Terrible ce qu'Indurain leur a fait subir hier dans la première grande étape alpestre. Il a exécuté tous ses adversaires, et du même coup décapité le Tour de France. Bugno à 7 min 41, Chiappucci à 8 min 53. Terrible.

Je soupçonne Indurain de ne pas aimer beaucoup les Français, avec leurs interminables supputations. Il doit être tanné de lire dans les pages sportives qu'il est un champion sans panache, qu'il est vulnérable, qu'il va finir par craquer si on l'attaque au bon moment, et gnagnagna. Peut-être aussi s'est-il vexé d'entendre ses rivaux échafauder publiquement leur embuscade. Depuis trois jours, Chiappucci, le plus impatient, rabâche qu'il attaquerait dans le Glandon, le premier col de la journée. Zülle et Breukink parlaient d'attendre le col du Télégraphe. Indurain devait s'épuiser à les contrer et c'est alors que Rominger et Bugno l'achèveraient dans le Galibier...

C'est Indurain qui les a attaqués ! Dans leur grande hâte à se partager sa dépouille, ils n'y avaient pas pensé. Fignon, qui a parti le bal, expliquait à la ligne d'arrivée : « Il m'avait semblé qu'Indurain n'était pas bien. J'ai attaqué au pied du Télégraphe pour mettre Bugno en orbite. » Résultat : il a mis Indurain en orbite et Bugno dans le trouble ! Ce qui s'appelle avoir du flair.

On n'a pas vu l'Espagnol donner un seul coup. Pas un démarrage, rien. Il a accéléré au train. Une locomotive lancée sur ses rails. Même puissance. Même impassibilité. Comme s'il continuait son contre-la-montre de Madine. On n'a pas vu Indurain accélérer, mais, tout de suite, on a vu Chiappucci chanceler. Et Bugno grimacer...

C'est alors que Rominger a relancé sur un braquet complètement dément et le Tour s'est joué à cette seconde-là : Indurain allait-il suivre ? Le temps de se poser la question, il était dans la roue de Rominger. Passait même devant, accélérait encore. Chiappucci explosait. Bugno chancelait. Fignon, n'en parlons pas. On a cru voir un sourire sur le visage d'Indurain, qui ne s'est pas retourné bien sûr...

Ils sont partis emmenant avec eux Andy Hampsten et le Polonais Zenon Jaskula, équipier de Cipollini. Plus tard, l'étonnant Colombien Alvaro Mejia, équipier de Bauer, les a rejoints.

Plus haut, on trouva la neige et une foule grisée par l'altitude qui serrait les coureurs à les faire tomber. Près de 15 ans que le Tour n'avait pas passé le Galibier par le versant nord, le plus dur avec des pourcentages à 14 %... Rominger et Indurain relançaient encore et seul Meija pouvait suivre.

Panique à l'arrière, donc, mais aussi panique à l'avant, à la ligne d'arrivée, quand on a annoncé qu'ils venaient de basculer dans la descente avec une heure d'avance sur l'horaire. On chassa les majorettes et leurs tambours dans le stationnement, on battit le rappel des officiels et des dignitaires qui n'avaient pas fini de déjeuner. Déboulant à 90 km/h sur une route toute droite, le trio de tête serait là dans l'instant.

On savait qu'Indurain ne disputerait pas le sprint. On l'avait vu faire non de la tête à son directeur technique quelques instants plus tôt. Aux 100 mètres, il s'est effacé, laissant la victoire à Tony Rominger. Une politesse de grand seigneur. De toute façon, Rominger méritait cette victoire qui le rembourse un peu de ses malheurs depuis le départ.

Derrière le trio de tête, le Polonais Jaskula et Hampsten passent à 1 min 12. Breukink à 3 min 31. Zülle à 6 min 56. Bugno à 7 min 41. Chiappucci à 8 min 53. Terrible, je vous dis. Chiappucci, le pauvre, qui disait au départ de Villard-de-Lans : « Ce sera tout ou rien. » Ce fut moins que rien.

Et Bauer ? Pauvre Bauer, à l'heure où je tape ces lignes, il est encore dans la montagne.

SOUFFRANCE PURE

Saint-Lary-Soulan, 22 juillet 1993 – Miguel Indurain a gagné le Tour de France hier. Pas celui de cette année, ça, c'est réglé depuis longemps. Il a gagné le Tour de France de l'an prochain.

Établissons que Rominger et Indurain sont sur une autre planète, et intouchables pour au moins les deux prochaines années. Rappelons qu'ils s'affrontaient pour la première fois à ce Tour, mais que la malchance a éliminé Rominger dès le contre-la montre par équipes en lui faisant perdre plus de cinq minutes. Depuis, Rominger court pour l'honneur. Hier, c'était l'étape la plus difficile du Tour, et Rominger en a fait le grand rendez-vous à Corral.

Miguel craquait et son règne était fini.

Il a tenu.

On se demande comment. Ce fut une empoignade sauvage. Dans un décor d'une grande majesté. C'est ici, dans le granit du massif de la Néouvielle que les Pyrénées sont les plus belles. Les plus dépouillées. Des enfilades étranglées qui débouchent soudain dans l'immensité de ces étranges cirques, murailles qui touchent le ciel.

Premières banderilles dans le rugueux Portillon, Rominger fit sonner la garde. On vit Mauleon, Escartin et Ungaza passer devant. On venait d'enclencher la vitesse supérieure. Mais ce n'était pas encore le moment de la grande explication. Rominger attendait Indurain dans les raidillons à 11 % et 13 % du Pla d'Adet. À la banderole du 10e kilomètre, Rominger écarta son dernier picador et passa à l'attaque.

Rominger donne toujours l'impression de pédaler dans le béton. C'est un fou du braquet. On n'a jamais vu personne enrouler si grand en montagne. Des trucs pas possibles. En plus, il relance sans arrêt.

Deux seulement l'ont suivi : Indurain et le Polonais Zenon Jaskula.

Indurain, rappelez-vous, c'est 25 livres de plus que Rominger. Une foutue grosse carcasse pour monter en vélo sur les murs. Il a souffert terriblement hier. L'impavide Navarrais grimaçait. Sa grande face de Jésus ravagée par la douleur.

Ce qui l'a fait tenir ? J'ai ma petite idée. Cela a quelque chose à voir avec la capacité de souffrir. Cela concerne la souffrance pure. Une sorte de réponse à une époque molle.

LE COUAC DE MIGUEL

Pau, 23 juillet 1993 – Tourmalet signifie « mauvais détour », et ce n'est pas Miguel Indurain qui dira le contraire. L'aigle a baissé la tête hier sur ces pentes qui ont vu sombrer tant de champions, de Coppi à LeMond.

Indurain n'a pas sombré. Juste un petit passage à vide, mais il y avait de l'excitation dans l'air, comme pour une mise à mort. Les Espagnols venus l'encourager en oubliaient d'agiter leur drapeau. Il est pas là, Miguel ?

Il y avait déjà 57 secondes que Rominger et Jaskula avaient basculé vers Luz-Saint-Sauveur. Hampsten aussi était passé. Et Unzaga, l'équipier de Rominger...

– Qu'est-ce qu'il a ?

Il en a plein le cul, ce sont des choses qui arrivent. Mais il n'y avait pas grand danger. Il restait 150 kilomètres avant Pau, pas d'autres cols, le grand fermerait le trou dans la vallée.

J'avais laissé l'auto plus bas, et j'étais monté avec un petit groupe de Navarrais, des paysans et des montagnards comme Miguel. Ils avaient tiré de leur sac à dos du pain et des charcuteries très épicées. Il y avait du vin aussi, une bouteille qu'ils se passaient à la régalade. Il n'y avait pas tant de monde au sommet du col. La brume nappait le fond de la vallée et, au-dessus, le pic du Midi jetait sur nous une ombre glacée. On a beaucoup parlé du Canada. Ils posaient des questions de paysan. Les saisons. Les premiers foins. Début juin, les premiers foins! Ils ne me croyaient pas. Et le maïs à la mi-novembre! Et la chasse? La chasse, j'aime pas. On a changé de sujet.

– Qu'est-ce que vous aimez tant de Miguel Indurain?

– Moi, a dit l'un, j'aime qu'il ait une Mercedes, mais il n'ose pas la sortir du garage pour traverser son village...

– Moi, dit l'autre, j'aime qu'il ne parle pas beaucoup. Un jour, dans un journal espagnol, Miguel a dit qu'il ne comprenait pas pourquoi on lui posait toutes ces questions sur la politique, sur la religion, sur n'importe quoi. Il a dit : « Je suis un homme de la terre. Quand je ne suis pas sur un vélo, je suis sur ma terre ou sur celle de mon père, et je ne pense à rien. La terre, c'est quelque chose à travailler, à sentir, à marcher. Pas quelque chose à discuter. »

– Moi aussi, je pense ça, a ajouté celui qui s'appelait Angel. Je trouve qu'Indurain a imprimé au cyclisme un rythme qui vient de la terre. Fort et calme. Et les petits nerveux, comme Chiappucci, ils ne résistent pas...

Hier, pourtant, le paysan s'est enfargé dans son sillon. Comme prévu, tout s'est replacé avant même qu'il atteigne la vallée. Habile descendeur, Indurain a repris Jaskula en cinq kilomètres et Rominger un peu plus loin. Cette fois, le Tour était bien fini.

LE VOIR PERDRE

2 juillet 1994 – Parler du Tour de France, c'est faire l'éloge de l'orgueil. L'éloge de l'homme, quoi. Pour gagner le Tour, il faut aller au-delà de cette limite où la force, le talent, le courage même, ne servent plus à rien. Seul l'orgueil fait aller plus loin. J'aime Miguel Indurain parce qu'une fois la victoire acquise, il chiffonne son orgueil comme il le ferait d'un mouchoir, et le met dans la poche de son veston, celle du haut, comme le font les garçons d'honneur dans les mariages.

J'aime Miguel Indurain parce qu'il réussit à cacher son orgueil grand comme une montagne, derrière un petit sourire de rien. Un sourire de paysan quand la pluie tombe enfin. Mais je me dis aussi que c'est plus facile quand on gagne. Avec un minimum d'intelligence (dont sont dépourvus, hélas, 8 champions sur 10), il est aisé d'être parfait dans la victoire. Mais dans la défaite ?

Miguel Indurain ne gagnera pas le Tour de France cette année. Je voudrais être là-bas. J'aimerais le voir perdre pour l'aimer plus encore. Le voir perdre sans se lamenter, sans chercher d'excuses. Je voudrais être là pour voir un homme revenir indemne de la gloire.

Miguel Indurain ne gagnera pas son quatrième Tour de France de suite. Il l'a perdu en gagnant celui de l'an dernier, quand le Suisse Tony Rominger l'a planté pour l'honneur dans le dernier contre-la-montre. Pour l'honneur et pour le doute qui a germé tout l'hiver dans la tête de l'Espagnol. Indurain a aussi perdu le Tour dans sa préparation hivernale, retardée par une blessure « diplomatique », qui pourrait bien être de lassitude. Enfin, Indurain a perdu le Tour au Giro, qu'il a terminé troisième après s'être fait battre dans les trois contre-la-montre, sa grande spécialité.

Ce sera, cette année, le Tour du Suisse alémanique Tony Rominger. Venu tard au cyclisme (21 ans), Rominger est un « cas ». Longtemps handicapé par son asthme, sa consécration tardive (33 ans) n'est pas due au hasard. Rien chez Rominger n'est dû au hasard. Rappelez-vous, c'est un Suisse, et le hasard est interdit en Suisse. Ancien comptable en plus, Rominger est le champion de la préparation méthodique. S'il a annoncé qu'il allait gagner le Tour de France, c'est après avoir tout calculé, tout soupesé, tout considéré. Ce n'est certainement pas par vantardise. Vous ne trouverez pas coureur plus modeste que Tony Rominger. Ni plus discret. Sauf peut-être Miguel Indurain.

— M. Rominger, quel est votre plus grand rêve ? lui demandait un journaliste suisse, l'an dernier, au départ d'une étape.

— Ce serait de gagner le Tour de France sans faire la une de *L'Équipe,* sans signer d'autographes, sans donner d'entrevues, sans être reconnu quand je vais me promener avec ma femme...

Cela ne se passera pas comme ça. J'en suis encore plus sûr que de sa victoire !

Note Finalement, Indurain a gagné ce tour 1994, que je n'ai pas couvert.

DES HISTOIRES À RACONTER

Saint-Brieuc, 30 juin 1995 – Innocemment, sans se douter de l'énormité de sa question, une collègue me lance en passant devant mon bureau : « Tu pars pour le Tour de France ? T'es content ? Au fait, vas-tu les suivre à vélo ? » Si je lui avais dit que j'allais couvrir les 500 milles d'Indianapolis, m'aurait-elle demandé si j'allais les suivre en auto ? Cette collègue ne se doute pas à quel point elle m'a replongé dans mon dilemme de chaque été : comment écrire en même temps pour elle qui s'imagine que je fais le Tour à vélo, et pour le lecteur averti qui attend que j'entre dans le vif du sujet sur le grand braquet ? Comment ?

Comment ? En vous parlant souvent d'autre chose ! De quoi ? De la vie. Comme disait Rominger l'autre jour : « La vie sans vélo, c'est joli aussi. » Le vainqueur du récent Tour d'Italie venait d'annoncer qu'il prendrait sa retraite à la fin de la saison prochaine et un journaliste lui a demandé ce qu'il ferait après. « Vous savez, la vie sans vélo, c'est joli aussi », lui a répondu Rominger.

J'aime bien Tony Rominger. Mais j'aime mieux Miguel Indurain. Même si certains commencent à douter qu'il soit humain. Prenez le cœur d'Indurain. Les journalistes ont commencé par dire 38 pulsations à la minute au repos. Puis ils ont dit 32. Ils sont rendus à 18. La vérité, c'est que le cœur d'Indurain ne bat qu'une fois par jour, et encore, pas tous les jours. Et ses poumons sont grands comme deux

Honda Civic stationnées côte à côte. Mais ce qui m'impressionne le plus chez Indurain, c'est son sommeil. « Mon secret, disait-il l'autre jour, c'est que je dors comme un bébé. » Moi, ça fait un mois que je dors mal, tout énervé à l'idée de couvrir le Tour de France. Lui va le COURIR et il dort comme un bébé. Ma collègue est pas si nulle que ça finalement, je devrais peut-être le courir.

J'aimerais bien que Miguel Indurain gagne son cinquième Tour de France d'affilée. Mais s'il devait perdre, j'attends de sa défaite qu'elle me confirme ce que je pressens depuis longtemps, qu'Indurain est un des rares humains de l'histoire de l'humanité à être allé à la gloire comme on va aux champs. Et qu'il en reviendra de même, fatigué et heureux d'en revenir.

Bon. On part ? J'ai hâte de prendre la route... Une amie rentrée de France la semaine dernière me lance comme ça, la veille de mon départ : « Les Françaises qui m'hébergeaient à Paris m'ont dit que le Tour de France, c'est un truc pour les beaufs. Savais-tu ? »

S'il vous plaît !

Pour les beaufs, la lumière de l'été ? Pour les beaufs, les ponts fleuris de géraniums ? L'or des blés ? Le peloton qui s'entortille sur une route en corniche ? Je vais vous dire un truc tout bête : le Tour de France, c'est d'abord une affaire de routes, de ciels, une affaire de paysages. Et c'est aussi des histoires à raconter. Des histoires d'hommes qui vont au bout de leurs forces, de leur courage, de leur talent. Cela ne les rend pas meilleurs, ni nous. Mais leurs petites morts sur la route nous distraient un instant de la nôtre.

ÉNERGIE PURE
Liège (Belgique), 9 juillet 1995 – Cent soixante-quatorzième kilomètre d'une étape qui devait être sans histoire. Devant, à 20 secondes, 7 ou 8 coureurs en échappée, dont Lance Armstrong. Derrière, les Banesto d'Indurain organisent la chasse

comme ils l'ont fait depuis le départ. Soudain, Indurain se dégage, prend 30 mètres au peloton, puis 100. Quelle mouche le pique ? Que veut-il prouver la veille du contre-la-montre ? Il se retourne. Hésite. Paraît surpris de se retrouver là. Et fonce ! Le voilà avec 200 mètres d'avance. Il a son profil d'oiseau de proie des grands jours. Il fond sur les échappées, les rejoint, reprend son souffle et relance. La montée du mont Theux éclaircit les rangs. Lance Armstrong est un des premiers à décrocher. Indurain s'enfuit, emmenant Johan Bruyneel et Éric Boyer dans sa roue. Boyer ne tiendra pas. Bruyneel restera sur le porte-bagages d'Indurain et le battra au sprint.

Derrière, les Mapei de Rominger vont à fond. Implacable, décourageant de facilité, Miguel prendra 50 secondes au peloton pourtant lancé à fond. Cinquante secondes à Berzin, 50 secondes à Rominger. Vingt kilomètres d'énergie pure. On en parlera longtemps.

L'AIGLE ET LES COUCOUS

La Plagne, 12 juillet 1995 – Le coucou est un petit oiseau ridicule qui piaille sans arrêt dans un grand ébouriffement de plumes. Il y a le coucou Rominger, qui sort de sa boîte ponctuellement. Sauf quand l'aigle est là. Alors il ne sort pas. Il saute un quart d'heure, ce qui ne fait pas très sérieux pour un coucou suisse. Il y a le coucou Virenque, qui donne du bec sans arrêt. Il y a le coucou Berzin, le coucou grimpeur Pantani, le coucou Riis, le coucou Bugno, tous ces coucous piailleurs menaient grand train hier matin au départ du Grand-Borman, tous disaient qu'ils iraient plumer l'aigle dans son nid, sur la plus haute des cimes.

On montait le cornet de Roselend, qui culmine à 2000 mètres. Devant était le Suisse Zülle. Un peu plus bas, Rominger, Jalabert, Riis, Chiappucci, Pantani, Virenque, Indurain, encore flanqué de ses deux derniers grenadiers, Rué et Aparicio. Ils restèrent ensemble pour deux autres cols et deux autres vallées.

Ce n'est que dans la montée finale vers La Plagne qu'Indurain prit son envol.

On avait oublié cela. Les aigles aiment voler seuls, au-dessus du grand cirque des montagnes. Haut, très haut au-dessus des coucous. Coucou Rominger était vert. Coucou Virenque crachait un peu de ses petits poumons. Coucou Jalabert et coucou Riis, l'aile cassée, étaient en perdition.

L'aigle franchit la ligne d'arrivée, s'arracha une plume et signa : Miguel.

UN TYPE BIEN

Limoges, 22 juillet 1995 – C'était à Saint-Girons, dans la cour de l'hôtel Eychenne, et Miguel Indurain venait de donner une de ses rares conférences de presse. Il se levait pour partir, je lui ai tendu mon carnet et mon crayon pour un autographe. Plusieurs confrères ont levé les yeux au ciel : quel téteux ! Je me suis senti obligé de bredouiller : « C'est pour un petit garçon au Canada »...

– Comment s'appelle-t-il ? m'a demandé Miguel en espagnol.

– Je ne me souviens plus...

Je me sentais ridicule. Martin ? David ? J'avais oublié. Ma confusion a tiré un pâle sourire à Miguel. Il a signé, m'a rendu mon carnet et mon crayon, déjà happé par la télé espagnole. J'ai noté ses épaules voûtées, quelques cheveux gris dans son cou.

Il venait de répondre à nos questions pendant une heure avec toute la gentillesse du monde, mais on n'en savait pas plus sur lui que la veille ou qu'il y a cinq ans. Une monotonie de ton. Une eau calme, j'allais dire plate. Miguel, c'est une rue de province, un mardi soir. Un sillon tout droit dans un champ. Un personnage de Simenon, dépouillé de tout exotisme, de toute affectation. « Me définir en un mot ? réfléchit Miguel. Équilibre, je crois. Oui, équilibre. »

On dit Miguel secret, il n'y a pas plus transparent. On le

dit humble, il n'y a pas plus tranquillement, plus sereine-
ment sûr de sa force. Il n'aime pas l'agitation, cela le fait pa-
raître timide. Pour cet homme de patience, le brouhaha
médiatique est un supplice. Là d'où il vient, les hommes
parlent lentement et peu. On croit qu'ils ne disent rien, ils
disent tout, au contraire, avec des mots simples, et quand
ils ont dit, ils se taisent. Ainsi Miguel avec nous : « Je fais tout
ce qu'il faut comme j'ai appris à le faire à la ferme. Mais je
n'ai pas prise sur tout. Cela dépend aussi du temps, du soleil, de la pluie. C'est pour cela que je ne fais jamais de pré-
dictions. Et que je ne perds jamais mon calme. L'agressivité
ne me rendrait pas meilleur coureur. »

Il n'y a pas de mythe Indurain. Tenez, ce n'est même pas
vrai qu'il ne perd jamais son calme. Au Giro d'Italie, un ani-
mateur de radio l'a testé en dégonflant ses pneus juste avant
le départ. Miguel a brisé son émetteur en menaçant : « La
prochaine fois, c'est toi. » Ce n'est pas vrai que ses coéquipiers le vénèrent comme un dieu : « On l'aime bien, mais on
n'est pas à ses pieds, précise son coéquipier Gérard Rué. De
toute façon, on ne le voit jamais, il dort tout le temps ! Sans
blague, c'est un garçon tout simple, pas compliqué du tout. »

Le secret de Miguel Indurain est de ne pas avoir de secret.
Rominger sort d'un laboratoire. Zülle et Jalabert sortent des
mains de Manolo Saiz, qui est une sorte de diable, Berzin
sort de l'usine russe. Miguel Indurain ne sort de nulle part.
Au contraire. Il entre en lui-même. Il écoute son cœur, ses
poumons, ses jambes. Il est un des rares coureurs à ne pas
porter de moniteur cardiaque : « Moi, ce sont mes cuisses
qui me parlent ; quand elles brûlent, je sais qu'il ne faudrait
pas que Rominger attaque ! Heureusement, lui ne le sait
pas. » Il ne croit pas non plus aux psys sportifs : « Je me méfie des recettes. Trop de coureurs se bâtissent une confiance
artificielle. Ils pensent qu'ils vont devenir bons en se répé-
tant qu'ils le sont. Moi, j'ai besoin de savoir exactement où
j'en suis. La confiance est une force extraordinaire quand

elle est lucide. Quand elle est autosuggérée comme chez beaucoup de coureurs, elle mène souvent au désastre. »

Le secret de Miguel, tout le monde le connaît : il se prépare mieux que les autres, il souffre plus que les autres. Et ce que l'on oublie souvent : il court mieux que les autres. Sa patience en course est extraordinaire, s'étonne encore Echavarri, son directeur sportif. Jamais il ne pose le mauvais geste. Par exemple, tous les coureurs aiment se montrer quand ils se sentent bien. Miguel, jamais. Quand il attaque, c'est parce que c'est le moment. On dit qu'il respecte trop ses adversaires. Miguel respecte la course. Il la sent. Le regarder rouler, c'est comme aller à l'école...

Oui, mais le panache ? Ah, le panache ! Ce n'est pas assez de gagner cinq Tours de France consécutifs, exploit unique que n'ont réussi ni Merckx ni Hinault. Ce n'est pas assez de dominer son sujet. On lui reproche la démission de ses adversaires. Rominger et Berzin, sans voir qu'ils étaient forts avant qu'il les mouche à Liège. Ce n'est pas assez d'avoir tenu en laisse les trois Once : Zülle, Jalabert, Mauri. Pas assez. Ils sont nombreux encore cette année à lui reprocher de ne pas avoir foutu le feu au Tour. Ils eussent aimé une arrivée solitaire. Une mise à mort spectaculaire. Miguel leur a répondu par ce mot étonnant pour un Espagnol : « Je n'aime pas les corridas. »

Le Tour, cette grande foire, lui préférerait un acteur parce que la force intérieure, la simplicité, l'humilité, ce sont des trucs qu'on ne remarque pas beaucoup à la télévision.

LE MOTEUR

Limoges, 22 juillet 1995 – Rappelons d'abord qu'Indurain est exceptionnellement grand et lourd pour un coureur cycliste : 1,88 mètre pour 79 kilos. Les 28 pulsations cardiaques à la minute, claironnées partout, c'est une blague. Comme à peu près tous les coureurs (et les athlètes en super forme), Indurain est à 36 pulsations régulières. En plein effort, à 160. Au maximum à 195. Déjà beaucoup moins banal : il redescend de 150 à 35 pulsations en 30 secondes. Mais là où Indurain se distingue, semble-t-il, de ses contemporains, c'est dans la consommation maximale d'oxygène : 90 millilitres (par kilo) à la minute. Un athlète moyen brûlerait de 50 à 60 millilitres. Au test d'endurance à l'effort, Indurain développe 580 watts, ce qui le situe nettement au-dessus du lot (Zülle, 550 ; Jalabert, 535). Et nettement au-dessus de Stéphane Richer, 22 watts et demi. S'cusez.

EN LAISSER AUX AUTRES

Lac-de-Vassivière, 23 juillet 1995 – On en discutait hier dans la salle de presse : quand Miguel Indurain a-t-il remporté son cinquième Tour de France ? À quel moment ?

À Liège quand il prend une minute au peloton qui roule à fond derrière ? Dans le premier contre-la-montre qu'il n'a pourtant pas survolé ?

Non. C'est à La Plagne que Miguel a gagné le Tour. Reste deux kilomètres. Miguel attaque. Et tous ont sauté. Rominger. Berzin. Virenque. Pantani. Tous. Miguel en remet une couche. Il a gagné le Tour. Il le sait. Regardez le classement de La Plagne, deux semaines plus tard, c'est le même, ou presque...

Pour le suspense, on repassera.

Hier ? Une champêtre formalité hier. Indurain s'est promené. Bien renseigné par son directeur technique, il s'est contenté de grignoter une seconde à Riss au kilomètre : 46 kilomètres, 48 secondes. Et il s'est surtout bien gardé de rejoindre Zülle, parti deux minutes avant lui. Jamais Miguel n'a humilié un adversaire inutilement. Un boxeur mexicain, son nom m'échappe, connu pour « dominer son sujet », sans le détruire, m'avait expliqué un jour : « Pourquoi détruire un adversaire que je peux battre ? Et donc rebattre ? »

C'est aussi l'attitude d'Indurain. Sans le calcul. Il avait gagné le Tour. Il avait gagné l'étape, pourquoi rejoindre Zülle ?

Une victoire écologique, donc, et un vainqueur philosophe :
« T'es pas obligé de tout manger. Tu te sers ce dont t'as besoin et ça va, c'est assez. »

JAN ULLRICH

LES ENRAGÉS

Loudenvielle, 15 juillet 1997 – Deux hommes ont dominé cette première grande étape de montagne remportée par Laurent Brochard : Richard Virenque et Jan Ullrich. Une équipe a fait la course : les Festina de Virenque. Ils ont attaqué les Telekom toute la journée et ont finalement réussi, dans le dernier kilomètre, au dernier col, à faire craquer Riis, qui limite cependant les dégâts (27 secondes). Mais le coup a porté, le champion a vacillé, il est blessé au moral, la plaie est apparente. Et il y a plus grands perdants que Riis. Il y a Jalabert à cinq minutes. Il y a Olano. Il y a Leblanc à 35 minutes.

Les Festina de Virenque se sont battus comme des chiens dès la montée du Soulor. Ils étaient enragés. Brochard, Dufaux, Hervé, le Finlandais Laukka, Rous. Chacun son tour relançait, des relais courts, échevelés, une course infernale. La mauvaise nouvelle pour les Festina, c'est Jan Ullrich. Impavide. Malgré le rythme de la course, il aurait pu les planter n'importe quand, et arriver seul à Loudenvielle. Ullrich n'a que 23 ans et, avec ce qu'il vient de nous montrer de classe et de puissance, il est parti pour gagner les 12 prochains Tours de France.

Mais pour l'instant, Jan Ullrich n'est encore que le lieutenant de Riis. Il n'avait pas le droit d'attaquer. Il avait le devoir d'attendre Riis, de le protéger, de le ramener sur Virenque. Ce qu'il a fait toute la journée. À la fin, Riis a craqué, on l'a vu faire un petit signe à Ullrich : vas-y. Ullrich a sauté dans la roue de Virenque qui attaquait pour la centième fois.

Revenons au Soulor. Leblanc porte la première attaque. Les Festina, qui n'attendaient que ce signal, fusent de partout, des pétards, des feux d'artifice, c'était le 14 juillet. Jalabert est décroché. Leblanc qui vient d'attaquer aussi. On se regroupera dans la descente. Les Festina relancent la bagarre dans le Tourmalet. Leblanc en perdition. Olano décroché. Pantani et Jalabert aussi. Riis est toujours là, le maillot dézippé jusqu'au nombril. Même scénario, on se regroupe dans la descente et on recommence dans Aspin. Une superbe étape de montagne. Le Tour s'annonce comme un duel entre Jan Ullrich et Richard Virenque, qui n'a pas couru hier comme le petit con que je connais. Il a admirablement dirigé sa troupe de grimpeurs flingueurs, et brillamment improvisé la stratégie qui a fait gagner son copain Laurent Brochard. Il fallait que je le dise, même si ça m'arrache un peu la gueule.

Note Le scandale Festina éclatera l'année suivante. On apprendra que les Festina se dopaient systématiquement à l'EPO sous la supervision de leur directeur technique Bruno Roussel. L'année 1997, c'est la grande année de l'EPO. Quand j'écrivais « ils ont attaqué toute la journée », « une course infernale », « ils se sont battus comme des chiens », je croyais décrire une course alors que je posais un diagnostic.

L'ANNEAU

Andorre, 16 juillet 1997 – La pente se redresse encore, les coureurs se mettent en danseuse, tanguent. C'est fou tout à coup ce qu'ils ont l'air fragiles. Sauf Ullrich. Ullrich n'est pas en danseuse. Il mène la charge assis. Dans un fauteuil. Dans son salon. Il a l'air de regarder la course à la télévision.

Il reste 10 kilomètres de montée. La ligne d'arrivée est là-haut, à 2250 mètres, dans les chalets du centre de ski d'Arcalis. Ils sont six. Dufaux, Virenque, Pantani, Casagrande, Riis, Ullrich. Cela fait presque huit heures qu'ils sont sur leur vélo. Ullrich, toujours assis, se retourne et en un éclair comprend : Dufaux, Virenque, Casagrande et Riis sont au bord de la rupture. Pantani en a encore un peu sous la pédale, mais bon, on verra. « Allez, j'y vais ! » se décide l'Allemand. Il place sa mine dans l'épingle à cheveux suivante. Les coureurs appellent ça « une mine », parce que derrière ça explose. C'est toute la France qui a explosé. Elle attendait Virenque.

En s'envolant, Ullrich libère une formidable colère qu'il retient depuis un an. Il a envie de crier à la montagne, à la terre entière : « J'ai 23 ans et j'emmerde les vieux. » Surtout le vieux Walter Godefroot, son directeur technique, qui le retient depuis un an : « T'es trop jeune ! Attends ! » Mais aussi le vieux Riis, son leader chauve : « C'est pas ton tour. Attends. » La pente se redresse encore et c'est fou comme ce garçon ne s'en aperçoit même pas. Walter Godefroot se porte à sa hauteur : « T'es bien, petit ? » Le coureur fait un geste de la tête qui dégage l'anneau qu'il porte à l'oreille gauche. Depuis un an, le vieux Godefroot lui a demandé mille fois de l'enlever : « T'as pas besoin de ce machin pour faire le métier. »

Sur le podium, Ullrich vient de passer le maillot jaune. D'un petit geste furtif, il tâte l'anneau à son oreille.

LA PETITE MACHINE DE L'EST

Perpignan, 17 juillet 1997 – Jan Ullrich avait 16 ans quand est tombé le mur de Berlin. Il y vivait, du mauvais côté du mur, à la fameuse École des Sports de l'ex-RDA, d'où sont sorties tant de petites machines à gagner des médailles.

— Quand le mur est tombé, quand j'ai compris que ma vie allait changer, j'ai eu peur...

Le petit Jan en avait déjà soupé des changements. Il avait neuf ans quand son père est parti, les laissant se démerder, ses deux frères, sa mère et lui. C'était à Rostock, une ville noire de la suie des usines. Il avait 12 ans quand les espions recruteurs qui visitaient systématiquement les écoles de la RDA le repérèrent et l'envoyèrent à Berlin, à la fabrique de champions... « Je n'étais pas malheureux en RDA ; comme athlète d'élite, j'étais déjà privilégié. Le Tour de France ? On le regardait en cachette à la télé, mais j'avais assez peu de respect pour les pros et leurs millions, je trouvais qu'ils manquaient d'idéal ! »

Son entraîneur de l'époque, Peter Bekker, continue de le suivre après la réunification des deux Allemagnes et en fait un champion du monde amateur. C'était à Oslo, en 1993, il avait 19 ans. Jan Ullrich ratera ses débuts dans le monde des pros. Il découvre l'Occident, les petites filles, les grosses voitures qui roulent à 200 km/h, il perd son permis et, par chance, tombe à ce moment-là sur Walter Godefroot, son actuel directeur technique qui commencera par lui foutre la paix – « pour qu'il passe sa crise » – avant de lui botter le cul : « C'est assez maintenant. Tu travailles ou tu t'en vas. »

– Au Tour, l'an dernier, je ne savais pas ce que je valais. J'étais aussi surpris que les journalistes de me retrouver dans la roue de Riis aux grandes étapes de montagnes. Mais c'est dans le contre-la-montre de Saint-Émilion que j'ai réalisé que je pouvais gagner le Tour de France.

Après le Tour, il a remercié Godefroot pour son coup de pied au cul et est allé se ressourcer dans la miteuse salle de musculation de son vieil entraîneur, dans la banlieue de Berlin. Rien n'avait changé.

– J'ai levé de la fonte avec des gamins qui me regardaient avec des grands yeux. Après je suis allé à Rostock, toujours aussi noire de suie. J'ai dormi chez ma mère comme avant. Mais quelque chose d'important avait changé : c'était la première fois que je revenais chez ma mère et que je n'étais plus un enfant.

Retour à Oslo en 1993 où Jan Ullrich est devenu champion du monde amateur. Il n'avait pas 20 ans. C'était un samedi. Le dimanche, Lance Armstrong devenait champion du monde des pros à 21 ans. Le cyclisme, un sport de vieux ?

LA MOBYLETTE ET LA MERCEDES (ULLRICH)

Saint-Étienne, 19 juillet 1997 – Premier tableau de ce contre-la-montre en montagne. Virenque monte la Croix de Chaubouret en danseuse, balance la tête, baisse le zipper de son maillot. La foule scande : « Ri-chard ! Ri-chard ! » Sur l'écran géant, le commentateur cocorico de France 2 exulte : « Richard est en train de réaliser une performance phé-no-mé-na-le ; voyez la puissance qu'il dégage, il est en train de causer une HÉNAURME surprise... »

Second tableau. Jan Ullrich. Dans la Croix de Chaubouret toujours. Ullrich monte assis. Pas un tressaillement. Le haut du corps comme pris dans un corset. Les jambes comme des cylindres dans le moteur d'une Mercedes. Je dis Mercedes parce que Ullrich est Allemand, mais aussi pour le bruit. Richard Virenque pétarade comme une mobylette. Ullrich passe comme une Mercedes souple et silencieuse.

Parti trois minutes derrière Virenque, Ullrich le rejoint après 46 kilomètres. Le double. Et se contente de rester là. « Je ne voulais pas prendre de risque sur la route mouillée », nous dira-t-il en conférence de presse. Je crois qu'il ne déplaisait pas aussi à Ullrich de garder Virenque assez près, pour qu'il voie bien son cul.

Jan Ullrich a écrasé ce premier contre-la-montre, et quand on pense qu'il en reste un second dans une semaine, on commence à ramasser des sacs en papier pour que les « favoris » se cachent la tête en arrivant sur les Champs-Élysées. Trois minutes, l'addition est très lourde sur 55 kilomètres. Comment ne pas évoquer la mythique chevauchée d'Indurain à Luxembourg ? À la trappe, Olano et Riis. À plus de huit minutes et on n'a pas monté les Alpes ! Et ils devaient gagner le Tour ! L'addition est lourde pour Virenque aussi.

— Richard, qu'est-ce tu vas faire maintenant ? a demandé le commentateur cocorico de la télé.

J'ai espéré un instant que Virenque répondrait : « Je vais commencer par fermer ma grande gueule, après on verra. » Mais non. Il a dit toutes les sottises qu'on pouvait attendre de lui, entre autres que ce n'était pas fini.

Pendant ce temps, près du bus des Once, Jalabert confiait à un ami journaliste : « Dans le peloton, ça fait longtemps qu'on sait qu'Ullrich est le successeur d'Indurain. Demande à n'importe quel coureur. C'est le prototype du champion moderne. Quand il va en gagner un, il va les aligner les uns après les autres... »

MAMAN ULLRICH

Colmar, 24 juillet 1997 – Ils diront que ce fut une étape de transition. Ils disent toujours ça quand c'est une étape de merde. Je n'entrerai pas dans le détail, disons seulement que cette échappée de 13 coureurs ne méritait pas de se rendre au bout. Réjouissons-nous quand même que le coureur le plus aimé du peloton, l'Australien Neil Stephens, soit sorti vainqueur de cette journée à oublier. Son démarrage à quatre kilomètres de l'arrivée en est un d'anthologie. Stephens s'est souvenu à propos qu'il a déjà été un excellent poursuiteur avant de devenir un équipier modèle.

Vous ai-je parlé de Virenque ? Il babounait au départ de Fribourg. À l'arrivée aussi, d'ailleurs. Il venait d'apprendre que son équipe, Festina, avait embauché, sans lui en parler, un autre leader : le Suisse Alex Zülle, qui courait chez Once avec Jalabert. Paraît que Virenque a fait une crise épouvantable. Il montre là, à nouveau, quel tout petit personnage il est. Deux leaders qui s'entendent bien ne seront pourtant pas trop, ces prochaines années, pour battre Ullrich...

L'événement réjouissant de la journée, c'est la maman d'Ullrich, en larmes sur le podium, qui serre son fils sur son cœur. Ça fait trois semaines que la presse se presse pour savoir comment il faut prendre ce garçon énigmatique, secret, introverti. Qu'elle est bête, parfois, la presse. Sa maman nous a montré comment : comme un enfant...

Il y avait 70 000 Allemands à Colmar hier, dont tout le village de Merdingen où vit Ullrich avec sa blonde, à 30 kilomètres de Colmar. Soixante-dix mille Allemands d'un coup, c'est beaucoup. Le Tout-Colmar se demandait s'il devait s'en réjouir. C'est que la dernière fois qu'ils sont venus aussi nombreux, les Allemands, ils ne sont pas repartis tout de suite...

LE GAMIN EN JAUNE

Paris, 28 juillet 1997 – Jan Ullrich est presque heureux. C'est qu'il n'a pas le bonheur facile le grand rouquin de Rostock. Il n'est pas tombé dedans quand il était petit. Un méfiant, avec le bonheur. Un silencieux. Un Indurain, sans le vécu d'Indurain. Il faudra se souvenir de ne pas lui demander plus que ses 23 ans ne peuvent donner.

En attendant, Jan Ullrich vient de gagner le plus beau Tour de France depuis longtemps. On a craint un moment qu'il ne l'ait assommé à Arcalis, où il est arrivé détaché après avoir lâché Virenque. Je me souviens d'avoir écrit : « Qu'est-ce qu'on va s'emmerder jusqu'à Paris. » Eh bien non. Pas du tout. Donnons à Richard Virenque ce qui lui revient de diablerie, de pugnacité, de générosité dans l'effort ; c'est grâce à lui et ses Festina si nous avons eu un Tour passionnant jusqu'au bout.

Non seulement Ullrich a tenu, mais il a replanté Virenque dans l'Alpe d'Huez, fait jeu égal dans les étapes alpines, pour finalement montrer quelques signes de fatigue dans les Vosges. On lui prédit cinq ou six Tours de France ; je trouve qu'on va vite avec ce gamin. Laissons-le d'abord goûter celui-là et voyons s'il ne s'étouffe pas...

TOUS KAPUT !

Carnaux , 19 juillet 2003 – Kaput ! C'est ce qu'a dit Jan Ull-rich à sa descente de vélo. Kaput ! Parlait-il de lui ? On peut le supposer, après la performance supersonique qu'il venait de signer. Seul coureur à négocier ce contre-la-montre de 47 kilomètres en moins d'une heure, dans cette chaleur, de quoi être kaput, effectivement. Mais cela pouvait aussi bien s'adresser à Armstrong. Kaput Armstrong, deuxième à plus d'une minute et demie. Kaput Tyler Hamilton, à près de trois minutes. Complètement kaput Iban Mayo, à plus de cinq minutes.

Le dernier coureur que j'ai vu dominer à ce point un con-tre-la-montre s'appelle Miguel Indurain. C'était au Luxem-bourg, une date qui a marqué l'histoire du cyclisme. Le grand perdant avait alors été un Américain (Greg LeMond) qui avait pris sa retraite peu après. À Carnaux hier, Lance Armstrong avait le même air écœuré que LeMond. Je ne l'ai jamais vu aussi sombre. Sa cinquième victoire au Tour de France s'éloigne. Tant que la menace n'était qu'espagnole, bof. Mais avec un Ullrich en pleine possession de ses moyens, et un Vinokourov pas très loin pour brouiller les cartes, Armstrong est dans le trouble.

Ullrich parlait de lui à la troisième personne à sa descente de vélo : « J'ai retrouvé le Ullrich d'avant. » C't'affaire ! Il lui suffisait d'aller chercher sur la route, pas dans les bars ou les pâtisseries. Permettez que je me lance une fleur avant de me fracasser le pot sur la tête : dans ma chronique d'hier, je vous ai annoncé la victoire d'Ullrich dans ce contre-la-montre – c'est la fleur –, mais je vous ai dit aussi qu'il ne gagnerait pas le Tour de France. Et ça, c'était de trop. J'en mets parfois un poil de trop.

– Jan, avez-vous le sentiment, aujourd'hui, de pouvoir gagner le Tour de France ?

– On verra dans les Pyrénées.

Je peux vous dire quand et où Ullrich gagnera le Tour de

France s'il le gagne : samedi prochain, la veille de l'arrivée à Paris, dans le contre-la-montre de Nantes. Mais ne comptez pas trop vite Armstrong battu. Il va se battre avec tout son instinct de survie, comme un chien, jusqu'au bout. Il aime le vélo comme un fou. Il aime gagner le Tour. Il est rusé. Et il est loin d'être fini.

GRAND SEIGNEUR

Carnaux, 19 juillet 2003 – Ullrich a-t-il eu tort d'attendre Armstrong dans la montée vers Luz-Ardiden ? On n'a pas fini d'en parler. Comme il l'a rapporté dans son point de presse, Ullrich s'est fait engueuler par tout le monde, y compris sa famille, ses amis. « T'aurais pas dû, Jan. » Lui n'a aucun doute : « Je n'y ai même pas pensé, je le referais sans hésiter, on n'attaque pas un coureur qui vient de tomber. »

— Lui pourtant n'a pas hésité à vous attaquer aussitôt revenu sur vous...

— Et alors ? Je ne comprends pas ce qui vous chiffonne. La course était repartie. On n'attaque pas un coureur à terre. Mais ce coureur revenu, la course reprend ses droits. Me semble que c'est pas compliqué.

— Et si vous perdez le Tour pour cela ?

— Je ne peux pas perdre le Tour pour cela, c'est impossible. Si je perds le Tour, même par trois secondes, ce n'est pas parce que j'aurai attendu Armstrong, c'est parce qu'il m'aura battu, c'est tout.

Je n'ai rien à ajouter à ce qu'a dit Ullrich. Par contre, j'ai trouvé Armstrong un peu trop empressé de rappeler qu'il y a deux ans, il avait attendu Ullrich quand l'Allemand avait fait une mauvaise chute dans la descente du col de Peyresourde. J'étais là, je me souviens très bien que le geste n'avait pas la même portée. Armstrong avait déjà gagné le Tour à ce moment-là. Peut-être qu'Armstrong l'eût attendu de toute façon, mais il reste qu'il ne lui coûtait rien de le faire ce jour-là. En oubliant de le préciser, il met son geste sur le même pied que celui d'Ullrich. Lundi, l'Allemand a été grand seigneur ; il y a deux ans, Armstrong avait été correct.

SECOND DÉBUT

Paris, 28 juillet 2003 – En 1996, à son premier Tour de France, Ullrich termine deuxième. En 1997, il le gagne et on lui prédit qu'il va gagner les 12 suivants. Au lieu de cela, il se met à déconner dans les grandes largeurs. Il ne fait plus le métier. Décroche l'hiver. Prend du poids. Un beau gâchis. Battu par Pantani en 1998, par Armstrong en 2000 et 2001. En 2002, il renverse deux cyclistes alors qu'il est ivre au volant. Contrôlé positif aux amphétamines peu après, il est limogé par la Telekom. Sa nouvelle équipe fait faillite, on forme la Bianchi à la dernière minute tout exprès pour qu'il dispute ce Tour, il a 29 ans, il vient d'avoir un bébé, ouf !

En 2003, on a découvert un nouveau coureur. Affûté. Inspiré. Le coup de pédale plus souple. Il ne s'entraîne plus avec son vieux coach de l'Allemagne de l'Est, il s'est mis à l'« intervalle-training », comme Armstrong, comme Hamilton. À ce Tour 2003, Ullrich était le plus fort. Il lui reste à « sentir » la course aussi bien qu'Armstrong.

En 2004, il sera le grand favori.

LES CANADIENS

Steve Bauer
Gordon Fraser

STEVE BAUER

STEVE RESSUSCITÉ !

Bar-sur-Aube, 10 juillet 1992 – Pierre Hamel, mon maître de *Vélo Mag,* m'avait averti : « Tu prévois de quitter le Tour à Roubaix ? C'est pas une bonne idée. Si Steve Bauer en gagne une, ce sera à Roubaix. Le genre de parcours qu'il affectionne. Et puis c'est juste à côté de chez lui. Enfin, de son deuxième chez lui. Il habite à 10 minutes de là, du côté belge... »

Bauer n'a pas gagné. Mais il est grand bénéficiaire de cette échappée à 10 hommes. Il s'installe au troisième rang du classement général, deux minutes et demie devant les grands. Qui sait ? À Luxembourg, avec un super-contre-la-montre individuel, il pourrait prendre le maillot jaune et le garder trois ou quatre jours... Il nous le répète depuis le départ : « Je marche de mieux en mieux. Il fallait passer les premiers jours sans dommages, c'est fait. Maintenant, je peux faire un coup... C'est un Tour qui bouge beaucoup, les jeunes ont pris le contrôle. Moi, j'aime bien quand ça bouge. »

Après sa désastreuse saison de l'an dernier, on s'inquiétait. Après son encore plus désastreux début de saison de 1992, on désespérait. Or, depuis le début du Tour, ce n'est plus le même coureur. Il fait la course en tête. Pas trop décollé dans la Marie-Blanque, il a même sprinté à Pau pour rabioter deux secondes. On dirait le Bauer de 1988, celui qui avait fini quatrième du Tour. Et celui de 1990, qui a porté le maillot jaune.

BAUER LE RECYCLÉ

Puy-du-Fou, 3 juillet 1993 – Au début de l'année, Steve Bauer était chômeur. Dur. Mais prévisible. Trente-trois ans et rien depuis deux ans. Pas un podium. Pas une victoire d'étape. Classé 200e sur le circuit. À 700 000 $ par année. C'était clair que Motorola ne renouvellerait pas son contrat et que les nouveaux employeurs ne se bousculeraient pas à sa porte...

Alors Bauer a eu un flash génial : il a inventé un nouveau vélo. Un machin étonnant dont je vous reparlerai. Et évidemment, tout le monde s'est mis à parler du vélo de Bauer...

Je n'irai pas jusqu'à dire que c'est comme ça que Bauer s'est trouvé de nouveau du travail, mais cela l'a certainement aidé à revenir dans l'actualité. Il a retrouvé sa place chez Motorola (mais sûrement pas son salaire !). Il a couru sans éclat quelques classiques, le Tour DuPont, le Tour d'Italie, et le revoilà au départ de son dernier Tour de France, du moins j'imagine que c'est son dernier.

TOUJOURS LÀ !

Puy-du-Fou, 4 juillet 1993 – Steve Bauer, 29e à 33 secondes d'Indurain. Tout à fait inespéré pour un petit vieux dont plus personne ne voulait. Remercié par Motorola au début de l'année, puis repris à l'essai pour un mois, et enfin réintégré dans l'équipe, il rayonnait hier dans la cour du Château du Puy-du-Fou.

– J'ai drôlement bien fait de me garder un peu de réserve pour négocier la côte. Je suis super satisfait de mon temps.

Précisons qu'il a disputé le prologue avec un vélo normal. Nous étions une dizaine de journalistes à l'espérer avec son funny-bike, cet engin de son invention ou presque, avec une très longue chaîne et un tube central si bizarrement planté qu'il pédalait couché et qui faisait rire tout le peloton en début de saison...

— Et ton funny-bike, Steve ?

— Merci de prendre des nouvelles de ma santé, les boys !

Deviendrait-il espiègle en vieillissant ? Le gentil Bauer qui, de sa vie, n'a jamais dit un mot plus drôle que l'autre, faisait son comique hier. « J'ai abandonné mon funny-bike après une semaine de course dans le Giro. Je reste persuadé que c'est une bonne idée, mais il manque un peu de mobilité. Vous ne le verrez pas pendant le Tour. »

— Et toi, te verra-t-on ?

Il nous a répondu en négociant ce prologue tout près des favoris.

PAS SI NULS

Avranches, 8 juillet 1993 – La grande surprise, pour ne pas dire la commotion du jour, on la doit à la bande de Steve Bauer. Personne n'attendait les Motorola en troisième place de ce contre-la-montre par équipes. Dans une épreuve où l'homogénéité compte pour beaucoup, on ne donnait pas cher de cette équipe hétéroclite formée de trois Américains, un Colombien, un Australien, un Belge, un Italien, un Anglais et un Canadien, tous en fin de contrat puisque Motorola ne revient pas l'an prochain.

On ne les avait presque pas vus depuis le début du Tour, même si j'ai quand même noté la sérénité de Bauer, souvent aux avant-postes, et la belle santé du jeune Lance Armstrong qui a servi deux ou trois fois de locomotive à Sciandri, le sprinter de l'équipe. Les Motorola se sont révélés hier une équipe beaucoup plus respectable qu'il n'y paraissait. Du coup, voilà Bauer 11e au classement général. Et ressuscité encore une fois !

Pas plus loquace que d'habitude, il ne trouve pas qu'il revient de si loin : « Même quand je me cherchais une équipe avant que Motorola me réengage, je n'étais pas découragé. Je n'ai jamais douté, je n'ai jamais pensé, par exemple, vendre ma maison en Belgique et retourner au Canada définitivement. Je me suis refait des jambes au Tour d'Italie et me voilà de retour.

    — On a peu vu les Motorola depuis le début...

    — Il ne faut pas tirer partout. Frapper un coup, le bon. Ce que nous allons faire bientôt.

    Pas le genre à faire des menaces en l'air. Quelque chose me dit qu'on va voir les Motorola d'ici lundi. Bauer ou Lance Armstrong, ou Sciandri. Mais je miserais plutôt sur Bauer. Et pourquoi pas à Verdun dimanche, tiens, comme en 14.

    Note Je n'étais pas tombé loin ; ce fut Armstrong à Verdun.

LE MAUVAIS TRUC

Amiens, 10 juillet 1993 – Steve Bauer a fait un truc hier entre Evreux et Amiens. Faire un truc dans le langage du peloton, c'est attaquer. Mais il y a des bons trucs et des mauvais. Celui de Bauer, hier, n'était pas bon. Mal pensé. Même s'il a creusé un écart de quatre minutes avec ses deux compagnons d'échappée, personne n'a jamais cru qu'ils iraient jusqu'au bout. L'étape était trop courte, le vent trop favorable. Ça roulerait très vite. Presque 50 de moyenne. Partir en échappée devant un peloton qui roule à cette vitesse-là, c'est aussi fou que de courir devant un train.

    Pas le bon truc. Pas le bon jour. Pas non plus les bons compagnons d'échappée. D'abord, Jacky Durand était à pied. Champion de France ou pas, il ne marche pas. Ensuite, l'Italien Vanzella travaillait du bout de la pédale, il espionnait pour le compte de Cipollini. Remarquez, on comprend Bauer. Bien placé au classement général, le maillot jaune du Tour de France est à sa portée pour la dernière fois de sa carrière. Lundi, après le contre-la-montre, ce sera fini. Et mercredi, après la première étape des Alpes, ce sera vraiment foutu.

BIZARRE, BAUER

Bretigny-sur-Orge, 24 juillet 1993 – Quelle platitude. Quand je pense que 600 journalistes vont écrire 600 articles sur « ça », je me dis que c'est dommage pour les arbres. Reste que je vous avais donné le vainqueur. Je vous avais dit que ce serait Abdoujaparov, ce fut Abdou. Ce que je n'ai pas compris, par contre, c'est l'épisode Bauer. Ils étaient 21 en échappée, de tout acabit, dont Abdou, mais aussi Bauer.

Il reste 40 kilomètres. Dans l'échappée, tous savent qu'ils vont se faire planter par Abdou. C'est le sauve-qui-peut. Tout le monde flingue tout le monde dans l'espoir d'une arrivée en solitaire, du moins sans l'Ouzbek dans les jambes. Ça attaque. Ça contre-attaque. Ça repart. Personne ne réussit à faire le trou. Sauf Bauer. À la banderole du trois kilomètres, belle cassure, franche, nette : 60 mètres. Mais dans la roue de Bauer, il y a François Simon. Et dans la tête de Bauer, il y a : « Fuck, pas lui ! »

François Simon, c'est le petit vite des Castorama, pas si vite que ça, mais plus vite que Bauer. François Simon prend le relais, bien sûr ; l'affaire semble bonne. Mais soudain, Bauer hésite. Se retourne. Refuse le relais. Et les deux se font rejoindre à 400 mètres de la ligne. J'ai trouvé Bauer cheap. Deuxième, c'est mieux que vingtième, non ? Il avait l'air plus préoccupé par la perte de Simon qu'à se tailler une place. Bizarre. Cela ne lui ressemble pas. Un vieux compte à régler avec Simon ? Avec les Castorama ? Le connaissant, ce n'est pas lui qui va nous le dire.

LES ADIEUX (BAUER)

Dunkerque, 7 juillet 1995 – Dis donc, Steve, on ne voit pas beaucoup les Motorola depuis le départ...

— Peut-être aujourd'hui, m'a répondu le vieux, clin d'œil à l'appui.

Au petit-déjeuner de l'équipe, Bauer a glissé, mine de rien, qu'il se sentait super bien. Ochowicz a compris le message. Le vieux Bauer voulait un bon de sortie. Trente-six ans. Son dernier dernier Tour de France. Son dernier numéro. Why not ?

Le peloton n'a pas réagi quand Steve a giclé à 33 kilomètres de l'arrivée, sauf un jeune Italien. Ils ont pris 15 secondes au peloton. Puis 24. Puis 35. Pour la forme, Bauer a un peu engueulé son compagnon qui prenait des relais trop timides, mais au fond, il savait que c'était sans espoir. Quand les Mercatone de Cipollini, les Novell d'Abdou et les Once de Jalabert se sont mis à rouler, ils ont été dessus dans le temps de l'écrire. Le peloton l'a avalé et recraché. Des adieux tristounets.

LE FANTÔME

Strasbourg, 14 juillet 2001 – Stationnée place Stanislas, à Nancy – la plus belle place du monde après celle de Lucca, en Toscane –, une camionnette : « Steve Bauer Bike Tours Inc. » C'était bien lui, lunettes relevées sur la casquette comme un vrai cyclotouriste. C'est ici, en 1988, à Nancy, que « Gros cul » – son surnom dans le peloton – avait pris le maillot jaune du Tour et l'avait gardé quatre jours.

« C'est la première fois que je reviens à Nancy depuis 1988. Je me souviens de chaque détail. L'Allemand Ralph Goltz avait gagné l'étape, j'avais pris le maillot jaune et ce n'était pas sur cette place qu'avait été jugée l'arrivée, mais juste à côté, place Carrière. Je le sais parce que c'est le plus beau souvenir de... ma carrière ! »

En général, quand les coureurs professionnels prennent leur retraite, ils ne remontent plus jamais sur un vélo. Ils regardent pédaler les cyclos et les trouvent complètement débiles de s'amuser à ce qui les a tant fait souffrir. Bauer n'a jamais été comme les autres. Depuis cinq ans, il organise des randonnées cyclotouristes, dont une, pendant le Tour de France. « L'idée, c'est de faire rouler mon monde sur la route du Tour, de leur faire faire une des étapes de montagne – ils veulent absolument faire de la montagne. Cette année, ce sera dans les Pyrénées. Je m'arrange aussi pour les amener à un départ et à une arrivée. »

Et si on parlait un peu de ton ami Lance Armstrong ? (Armstrong a déjà dit que Bauer était un des coureurs qui l'avait le plus aidé à ses débuts professionnels.) Bauer fait signe que non et s'éloigne. Toujours aussi volubile !

GORDON FRASER

L'INVITÉ DE DERNIÈRE HEURE

Rouen, 5 juillet 1997 – Gordon Fraser attendait d'être appelé par le médecin du Tour pour la visite obligatoire. Il était assis avec ses coéquipiers dans le couloir de l'infirmerie. Des enfants sages. Intimidés. Mais surtout surpris d'être là. Personne n'avait prévu que Gordon Fraser, d'Ottawa, 28 ans, inconnu au Canada hors des milieux cyclistes, disputerait un jour le Tour de France. Pour cela, il fallait d'abord que sa petite équipe de rien du tout, au nom un peu ridicule de La Mutuelle de Seine-et-Marne, soit retenue par la Société du Tour. Et cela était si peu probable que même la revue *Vélo,* la bible du cyclisme, a oublié La Mutuelle dans la présentation des équipes de son numéro spécial.

Depuis ses débuts, Fraser a souvent été l'invité de dernière heure (comme aux Jeux d'Atlanta), parfois même pas invité du tout, boudé par les sélectionneurs nationaux au Canada qui ne le voient pas souvent dans leur soupe.

— Belle revanche ?

— Je ne pense pas à ça.

— Nerveux ?

— Pas trop.

— Comment t'occupes tes journées ?

— J'écoute de la musique. Je lis des romans policiers que me passe Hincapie [un coureur américain de l'équipe US Postal]. Cet après-midi, on va rouler trois heures [il pleuvait à boire debout]. Je dors beaucoup aussi. C'est la consigne : quand vous avez deux minutes, allongez-vous.

Il revient de loin. Après une extraordinaire saison amateur en Europe, il y a trois ans – une dizaine de victoires lui ont valu son surnom de Flash Gordon –, Fraser est allé bêtement signer un contrat pro chez Motorola, où il s'est étiolé à l'ombre de Lance Armstrong. On le faisait très peu courir chez Motorola. Je me souviens d'avoir demandé à Jim Ochowich, son directeur sportif de l'époque, ce qu'il en pensait, et il m'avait répondu silencieusement en faisant un zéro avec ses doigts. « Je ne marchais pas chez Motorola, reconnaît Gordon. On ne me faisait pas courir parce que je ne marchais pas, ou je ne marchais pas parce qu'on ne me faisait pas courir ? Va savoir. »

Avec La Mutuelle, on le fait courir et il marche ! Huit places dans les 10 premiers dans des courses importantes, et une grande victoire au Midi-Libre alors qu'il saute sur la ligne deux des meilleurs sprinters du peloton, Moncassin et Baffi. Une victoire qui a grandement aidé La Mutuelle à se qualifier pour le Tour.

— As-tu le statut de leader à La Mutuelle ?

— Yvon Sanquer, notre directeur technique, a une vision collective du vélo. Il insiste sur la régularité, il n'attend pas de coups d'éclat. De moi, bien sûr, il attend des victoires au sprint ; c'est pour ma pointe de vitesse que je suis là.

— As-tu des équipiers spécialement désignés pour préparer tes sprints ?

— Avec deux kilomètres à faire, je prends la roue de Stephane Cueff, mais dans le dernier kilomètre, je suis livré à moi-même. Cipollini ou Steels ont différents spécialistes pour les tirer jusqu'à 300 mètres de la ligne, mais notre équipe n'a pas ce genre de ressources...

– Ça joue dur ?

– Je prends ma place. Je n'ai peur de personne, et depuis ma victoire au Midi-Libre, j'ai aussi le respect des autres sprinters.

– Qui redoutes-tu le plus dans les 300 derniers mètres ?

– Tous. Cipollini, Steels, Zabel, Moncassin, Minali, Abdou, Baldato, Blijlevens. Je suis un sprinter court, comme Steels, Minali et Blijlevens, j'explose dans les 100 derniers mètres.

– Tu te rends jusqu'aux Pyrénées, et après ?

– Après, je continue ! Pas question que j'abandonne à Pau sans avoir au moins essayé de passer les montagnes.

Il a refusé de parler de son salaire. Plus par gêne que par discrétion. Il gagne moins, beaucoup moins de 100 000 $, une misère pour une saison qui a commencé en Arizona en novembre, pour quelqu'un qui a déjà quelque 25 000 kilomètres dans les jambes et qui se prépare à en ajouter 3870... On vient de nous remettre la liste de départ. Fraser portera le dossard 205. Quelles sont les chances du dossard 205 de remporter une étape ? Pas inexistantes, mais très minces. Pas tout à fait l'égal des meilleurs et surtout beaucoup moins bien entouré, il sera bien seul dans la meute déchaînée des trois derniers kilomètres. La longueur des étapes le handicapera, Fraser manque de fond. L'étape qu'il a gagnée au Midi-Libre était courte (145 km), mais au Tour, les étapes de plat approchent les 250 km. Demain ? Trop accidenté. Lundi, trop long. Mardi, oubliez ça, l'arrivée se juge en haut d'une côte difficile. Mercredi, peut-être. Les meilleures chances de Fraser sont à Marennes vendredi, à Bordeaux samedi, à Pau dimanche. Après Pau ? Pas sûr du tout qu'il y aura un après-Pau.

DUR SUR LE MORAL

Vire, 8 juillet 1997 – Radio-Tour a crépité : « Côte d'Ouilly, le Canadien Gordon Fraser en difficulté, également l'Italien

Colombo et Damien Nazon. » À la télé, une image brève, un coureur largué, dossard 205, Fraser. Il restait 44 kilomètres. Devant, Zülle venait de tenter un coup. Ça roulait à fond dans la côte, classée quatrième catégorie. Les locomotives Telekom revenaient à toute vapeur sur Zülle. Le pire moment pour sauter.

C'était râpé pour Fraser. Même un super rouleur ne serait pas revenu sur le peloton. Et Fraser n'est pas un super rouleur. Il a pris 11 minutes en 44 kilomètres ; 194e de l'étape. Le rang n'a pas d'importance, mais 11 minutes, c'est dur sur le moral. Au Novotel de Caen, où je l'ai rencontré juste avant qu'il aille souper, Gordon n'a pas cherché d'excuses : « J'avais les jambes lourdes des efforts d'hier ; 262 kilomètres, c'est long pour moi. Et puis j'étais mal placé dans la côte. Il faut que j'attaque les côtes en avant, pour les finir en queue. Si je les attaque en queue et qu'il y a une accélération comme aujourd'hui, je me fais larguer... »

Au moins, il ne se raconte pas d'histoires.

GROSSE COMMANDE

Puy-du-Fou, 10 juillet 1997– Drôle de moineau, ce Fraser. Un jour à l'agonie, et le lendemain, youpilaï la vie. Hier, il a terminé l'étape dans le premier peloton de 71 coureurs, dans le même temps que le vainqueur Nicola Minali... Assis sur le capot d'une voiture de l'équipe Festina, entouré de son père, de sa blonde, Gordon, tout sourire, signait des autographes à des enfants :

– J'ai passé deux jours difficiles, mais aujourd'hui j'étais bien. Ce matin, mon directeur technique m'a demandé de préparer le sprint pour Claude [Lamour]. À cause des bosses de la fin, je n'avais pas de chances...

– Ça te vexe pas ?

– Tu parles ! Lamour travaille toujours pour moi, c'était un plaisir de renverser les rôles. Les prochains jours, je serai beaucoup plus sur mon terrain.

– Quand ça ne roule pas vite dans le peloton comme ce matin, vous parlez-vous entre coureurs ? Tu parles à Cipollini, par exemple ?

– Pas à Cipo. Les petits coureurs comme moi, il ne les voit même pas, sauf pour les engueuler. Je parle aux Australiens, aux Américains ; je suis ami avec deux Telekom, Totschnig et Bolts...

– Tu pourrais faire le sprint dans la roue de Cipo et le sauter à la ligne ?

– Tu passes là une grosse commande ! Deux difficultés majeures. La première : tout le monde veut être dans la roue de Cipo au sprint. Ça frotte terrible. Seconde difficulté majeure : pour sauter Cipo, il faut aller plus vite que lui. Et personne ne va plus vite que lui pour l'instant...

DOMMAGE

La Châtre, 11 juillet 1997 – Dommage que Fraser vienne d'un pays, le nôtre, sans tradition cycliste. S'il avait fait ses classes dans une équipe française ou italienne, quelqu'un aurait vite découvert qu'il avait un don et l'aurait fait travailler en conséquence. Le sprint est un don. Jaillir d'un peloton dans les 300 derniers mètres ne s'apprend pas, c'est Dieu qui vous fait sprinter en vous installant dans le bas du dos un petit bouton, comme sur le manche de certains couteaux : t'appuies sur le bouton, et clic, la lame jaillit.

Comme Cipollini, Moncassin, Zabel et les autres, Gordon Fraser est pourvu de ce petit bouton qui fait jaillir la lame dans les 300 derniers mètres. Son problème, ce sont les 200 kilomètres qui précèdent. Voilà où ça grince. Fraser laisse trop de forces dans ces 200 kilomètres pour exploiter au maximum ses qualités de sprinter. Sans adversaire chez nous, un des meilleurs en Europe chez les amateurs, c'est lorsqu'il est passé pro que ce manque de fond s'est fait sentir. Fraser est trop « juste ». Les fins de course animées le laissent sans ressources pour disputer le sprint.

Dommage que Fraser vienne d'un pays sans tradition cycliste. Pas assez de vraies courses. Trop de Mardis cyclistes de Lachine.

CONSTAT

Bordeaux, 13 juillet 1997– Irréprochable, Gordon Fraser, hier. Fin de course en tête. Il évite la traditionnelle chute qui retardera Virenque et Leblanc. Manœuvre bien dans les embouteillages. Onzième.

— J'avais de bonnes jambes. Pillon a fait un super travail pour m'emmener jusqu'au troisième kilomètre ; après, je me suis débrouillé seul, à fond dans la roue de Fagnini, un fou total, mais ils sont tous fous, alors celui-là ou un autre. Je finis quoi ? Douzième ? Quatorzième ?

— Tu finis 11e.

— C'est ça. Je suis à fond, j'ai de bonnes jambes, j'ai la bonne roue et je finis 11e.

— Déçu ?

— Un peu. Mais c'est ça.

Belle tête, ce Fraser. Pas con. Pas énervé. Pourtant, il y aurait de quoi. Un mois avant le Tour, l'idée ne l'effleurait même pas qu'il pourrait courir un jour le Tour de France. Et le voilà qui déboule à 60 km/h dans les vignobles, vers Bordeaux, mythique capitale du sprint. Reste trois kilomètres. Son copain Pillon se relève. À partir d'ici, Gordon est seul. Vous pensez que Zabel, qui va gagner l'étape, était seul ? Que non. Il était tiré par Lombardi, Aldag, Riis (!) et Ullrich (!!!). Des frites avec ça ?

— C'est bien, 11e, Gordon. Très, très bien.

ÇA SENT LA FIN

Pau, 14 juillet 1997 – Ce qui devait être une bonne journée pour Gordon Fraser (en regard du parcours et de la distance) s'est soldé par un désastre. Décollé dans la longue mais pourtant modeste côte d'Auga, à 20 kilomètres de l'arrivée,

Fraser (174e) et six de ses coéquipiers sont arrivés presque huit minutes après le peloton de tête. Huit minutes en 20 kilomètres, cela ressemble à une démission. Il est vrai que huit minutes ou trois, cela ne change pas grand-chose. Le vrai calvaire de Gordon Fraser ne commencera qu'aujourd'hui, au 41e kilomètre exactement, au pied du Soulor, premier des quatre grands cols pyrénéens de la journée.

— La montagne, c'est vraiment très, très difficile pour moi, admet-il. Je serai dans les premiers lâchés, c'est sûr. Et après... après, je vais souffrir, ce sera épouvantable ce que je vais souffrir !

— Tu penses finir l'étape ?

— Si je suis capable de rester dans un gruppetto, oui. Si on est seulement deux ou trois très loin derrière, ce sera difficile. [Les gruppetti sont ces petits pelotons de coureurs qui mènent un combat d'arrière-course pour finir dans les délais. On dit aussi l'autobus.] Le problème, admet un Fraser décidément pas très optimiste, le problème, c'est qu'il est difficile pour moi de suivre même les gruppetti les plus lents.

— Je ne veux pas te porter malheur, mais supposons que tu abandonnes, tu rentres à Ottawa ?

— Je passe la nuit avec l'équipe, demain matin je rentre chez moi dans la banlieue parisienne, à Melun, et sûrement à Ottawa après, oui. Je n'y suis pas allé depuis janvier, et comme il n'y a rien à faire en Europe pendant le Tour...

Dans le Tourmalet, après le village de Barèges, là où la pente devient vraiment assassine, Gordon Fraser va dire : « Fuck, c'est pas par là Ottawa ! » Et il mettra pied à terre.

AU BOUT DU RÊVE

Loudenvielle, 15 juillet 1997 – Le cauchemar de Gordon Fraser a commencé après le village de Barèges, donc, dans le col du Tourmalet, le plus âpre, le plus raviné des pics pyrénéens. Après le village, la route s'élève au-dessus des derniers arbres, et il n'y a plus que le ciel et la lande pierreuse. Il y a « mal » dans Tourmalet, qui signifie, en langue d'oc, le « mauvais détour ». Mauvais détour en effet pour Gordon Fraser et son compagnon d'infortune, Damien Nazon. Après Barèges, ils ont perdu contact avec le peloton des attardés.

Au pied du dernier col, le val de Louron, Fraser savait qu'il serait hors-délai. C'était sûr maintenant. Les spectateurs lui criaient en lui donnant des petites poussées : « Allez, allez, il reste juste un kilomètre. » Ils disent toujours ça. Gordon savait qu'il lui en restait au moins trois à monter et dix à descendre. Il calculait qu'il arriverait à Loudenvielle avec au moins 55 minutes de retard. C'était sans espoir. Son Tour de France était fini. Tout son corps criait « Arrête ! ». Mais son cœur disait continue, termine l'étape. Pas son cœur sur le moniteur cardiaque. Celui-là ! Dans le rouge depuis le départ ! Non, l'autre cœur, celui de l'enfant émerveillé de faire le Tour de France.

Damien Nazon et lui ont franchi la ligne d'arrivée 59 minutes après le vainqueur. La télé s'est emparée de Nazon. Gordon a filé jusqu'à la roulotte de son équipe. Il a jeté son vélo contre une balustrade, s'est vivement dégagé quand quelqu'un a voulu le prendre par les épaules. Il espérait se rendre à Paris. Il est allé beaucoup plus loin, au bout de son dernier rêve d'enfant.

LES CHEVAU-LÉGERS

Claudio Chiappucci
Tyler Hamilton
Andy Hampsten
Laurent Jalabert
Marco Pantani
Tony Rominger
Richard Virenque

CLAUDIO CHIAPPUCCI

CLAUDIO ET L'ANGE

Sestrières (Italie), 19 juillet 1992 – Dans les derniers lacets de la montée vers Sestrières, les milliers de tifosi ne laissaient qu'un étroit couloir à Claudio Chiappucci pour avancer vers son triomphe. Trente ans qu'ils attendaient un nouveau « campionissimo ». Ils couraient à ses côtés, le touchaient comme on veut toucher un saint, au risque de le faire tomber... C'est porté par cette passion plus que par son énergie – il n'en avait plus une goutte et allait se faire rejoindre par Indurain – que Chiappucci s'est finalement rendu au bout de son extraordinaire chevauchée.

En tête dès le col des Saisies, Claudio a passé tous les autres en tête : le Cornet de Roselend, l'Iseran, le Mont-Cenis. Mais Indurain, demanderez-vous ? Calme, Indurain. On ne peut imaginer deux coureurs plus différents. L'un brouillon et follement généreux. L'autre impassible, comptable de tous ses coups de pédale... Indurain n'a pas répondu à l'attaque de Chiappucci. Indurain se fout de ce que peut faire Chiappucci.

Vas-y, Claudio, après tout, on est en Italie. Mais n'exagère pas trop.

Hier, Claudio a été sublime. Tout en haut de l'Iseran et du Mont-Cenis, il a tutoyé l'ange qu'est assurément devenu Fausto Coppi.

Je n'aime pas beaucoup Chiappucci. Du guts, pas de tête. Tout le monde disait : vous allez voir dans l'Alpe d'Huez. On a vu quoi ? On a vu Chiappucci essayer de lâcher Indurain au train. Je n'ai rien dit parce que je viens du Canada, ça ne fait pas très sérieux le Canada dans une conversation sur le vélo par ici. N'empêche, le directeur technique de cet idiot de Claudio s'est porté à sa hauteur et c'est exactement ce qu'il lui a dit : « Cretino ! Lâche-le ou bedon repose-toi, mais arrête de l'emmener sur ton porte-bagages. »

Mais hier, Claudio a été sublime. Cela arrive aussi aux innocents, la preuve.

TYLER HAMILTON

PAS DE JAMBON À BAYONNE

Bayonne, 24 juillet 2003 – Dites, c'est la clavicule droite ou la gauche ? Le confrère ne savait pas et, franchement, à voir pédaler Tyler Hamilton, il ne semblait pas savoir non plus. Cent quarante kilomètres d'échappée, dont presque 100 tout seul, la bouche ouverte, à relancer dans toutes les bosses, à travers un pays basque médusé et déçu par ses coureurs orange qui se sont encore défilés.

Une escapade plus ou moins improvisée. Riis, le coach de la CSC, avait demandé à ses coureurs de sauter sur toutes les occasions. Hamilton, qui avait raté l'échappée matinale, revient dessus en catastrophe, y trouve son copain Sorensen et, un flash comme ça, juste pour voir ce que ça va donner, lui demande d'accélérer. L'échappée se démaille aussitôt. Hamilton décolle dans les premières rampes du col de Bargagui. Personne ne le reverra avant Bayonne. Je disais que c'était une attaque plus ou moins improvisée ; on vit Hamilton hésiter en haut du col du Bargagui, appeler la voiture de Riis : « Et maintenant, qu'est-ce que je fais ? »

« Tu fais 80 kilomètres tout seul, t'es capable », lui répond Riis.

C'est pas un jambon qui a gagné à Bayonne (s'cusez, je voulais absolument la placer), c'est un petit gars de

Marblehead, dans le Massachusetts. À la flamme rouge, on vit Hamilton redemander la voiture de son directeur technique, et quand Riis fut à sa hauteur, lui serrer la main, geste inhabituel d'un coureur pas comme les autres, aimé de tous dans le peloton. On vit aussi Lance Armstrong le féliciter chaleureusement sur le podium. Hamilton fut longtemps son lieutenant, il est toujours son ami, et son voisin à Gérone, la petite ville espagnole près de la frontière française où il vit la plus grande partie de l'année.

Tyler Hamilton vient du ski; il a enfourché un vélo pour se remettre d'une blessure en skis. Tranquille. Grano. Ésotérique sur les bords. D'habitude, ça m'énarve, mais pas lui. Peut-être parce qu'il est gentil. Il est resté trop longtemps au service d'Armstrong. À 32 ans, il vient de connaître sa meilleure saison. Sans sa chute, il aurait battu Vinokourov pour la troisième place de ce Tour du centenaire. Sont bêtes les gens qui mettent en doute sa blessure. C'est pas son genre. C'est pas un sprinter.

ANDY HAMPSTEN

COMME ON VA PROMENER SON CHIEN

L'Alpe D'Huez, 20 juillet 1992 – Les méchantes langues vous
diront que l'abandon de Greg LeMond a donné des ailes à
Andy Hampsten hier, sur les pentes de l'Alpe d'Huez, où il
l'a emporté détaché.

LeMond a toujours pris toute la place, c'est lui l'Américain. Hampsten n'est que « l'autre » Américain. On ne connaît pas bien Hampsten. Et en général, on n'aime pas
beaucoup. Bon grimpeur, pas pire rouleur (il a même gagné
le Tour d'Italie, excusez du peu !), mais fade. Opportuniste.
Dans le peloton, on l'appelle Velcro. Il est cependant plus
représentatif du cyclisme américain que LeMond. De famille
riche, il est venu au vélo presque par snobisme. En tout cas,
il ne voulait pas jouer au baseball ni au football, ces sports
du commun. Du style, comme en ont souvent les fils de famille. Mais pas de panache, ça fait trop peuple, le panache.
Pas de panache mais une certaine crânerie, cette façon de
dominer son sujet avec un rien de condescendance...

Hier, Andy Hampsten, l'autre Américain, a dominé l'Alpe
d'Huez avec un rien de condescendance. Douchant ainsi la
ferveur des dévots qui veulent que le vainqueur de leur
montagne sacrée arrive crucifié sur son vélo... Andy Hampsten n'est pas tombé à genoux, il n'a pas rendu hommage à

la montagne. Quand on a voulu l'aider, il a dit : « Non, non, laissez, ça va très bien. » Comme s'il venait d'aller promener son chien.

Personne ne l'a dit, mais tout le monde était un peu déçu. Tout le monde pensait que l'Alpe méritait mieux qu'un Américain qui va promener son chien.

LAURENT JALABERT

JAJA

Vitré, 4 juillet 1995 – Il y a un an, Jalabert tombait à Armentières. Ce policier qui prenait une photo, vous vous souvenez ? Quatre heures sur la table d'opération, on craignait pour sa carrière. Au contraire. Libéré d'on ne sait quelle inhibition, il est devenu un coureur complet. Grimpeur, rouleur, tout. Il a raflé Paris-Nice, Milan-San Remo, la Flèche Wallonne. Hier, il a pris le maillot jaune du Tour.

Depuis Hinault, les Français n'ont eu que des veaux. Dix ans de veaux à vélo, de Las Cuevas à Luc Leblanc. Arrive Jalabert. Que font les Français, pensez-vous ? Ils capotent ? Ils exultent ? Du tout. Ils l'ignorent, ou presque. Le chouchou, c'est Richard Virenque, cette grande gueule qui en beurre épais. « Vous allez voir, je vais planter Indurain ! » Les Français en redemandent. Jalabert, c'est le contraire. Un timide. Un Indurain. Parle peu. S'exprime à la pédale. Incroyable de facilité hier. Un ton au-dessus du peloton, Indurain et Rominger compris. À 26 ans, bien coaché (et il l'est), un futur vainqueur du Tour.

C'est pas assez pour les Français. Ils lui préfèrent un fanfaron qui s'est fait piéger hier dans un second peloton. Je n'en reviens pas comme les Français, du moins ceux qui se déplacent pour voir passer le Tour, entendent peu de choses au vélo. Je n'en reviens pas comme le Tour, l'événement sportif le plus près des gens puisqu'il passe dans leur cour, leur passe finalement 12 000 pieds au-dessus de la tête.

JOUR DE GLOIRE

Bollène, 15 juillet 1995 – Allons, enfants de la péda-a-leu, le jour de gloire est arrivé... On peut bien chanter *La Marseillaise,* un Français a gagné le 14 juillet. Et pas n'importe lequel, Laurent Jalabert, leur meilleur depuis longtemps. Pas n'importe quelle victoire. De l'audace. Du panache. Et pas n'importe où. Par des routes confidentielles, ombragées de noyers, et qui menaient à des villages morts de soif, au plus beau de la France, un Français a gagné.

En tout cas, les Français commencent à se rendre compte qu'ils se sont trompés d'idole. Jalabert, c'est tout de même autre chose, une autre classe que l'autre Pinocchio à petits pois (je parle de Virenque et de son maillot de grimpeur).

Un joli coup, finement joué. Une échappée de près de 200 kilomètres, il fallait oser, mais il fallait d'abord y penser. Derrière ce coup, il y a Manolo Saiz, le rusé directeur technique de l'Once qui déteste Indurain et la Banesto. Deux conceptions différentes de la course. Les Banesto, rassemblés autour d'Indurain, leader unique. L'Once avec sa multitude de leaders, Zülle, Jalabert, Bruyneel, Breukink, Mauri... La Once qui se plante royalement au Tour depuis quatre ans.

Manolo Saiz tenait hier un début de revanche. Zülle, second au général. Jalabert, troisième. Mauri tout près. Quand Indurain se retourne, il ne voit que des maillots roses. Quand Indurain a vu Jalabert attaquer à 24 kilomètres du départ, il s'est dit, comme tout le monde, que c'était pure folie. Comme tout le monde, il s'est trompé. Indurain se trompe encore une fois, une seule, et il perd le Tour.

LE 14 JUILLET, QUAND MÊME

Colmar, 15 juillet 2001 – Il a plu toute la journée sur toute la France. Les feux d'artifice ont été annulés. Devant les monuments aux morts, les anciens combattants dégoulinaient comme des vieilles gargouilles. À Moscou, Paris candidate pour les Jeux de 2008 s'est fait sortir au premier tour. À la télé, le discours de Chirac n'en finisssait plus. Bref, les Français ne se rappelaient plus d'une fête nationale aussi merdique...

Eh bien, ils l'ont eu quand même un petit peu leur 14 juillet !

Laurent Jalabert a gagné à Colmar. On a retrouvé hier le Jalabert d'avant les affaires de dope. Jalabert était un de mes coureurs préférés : le commentaire toujours juste, le meilleur coureur pour parler vélo. Je dis « était » parce que, lorsque sont arrivées les affaires de dope, Jaja est soudain devenu aussi con que les autres, parano comme les autres, et se prétendant comme les autres au-dessus des lois.

Jalabert a couru neuf ans pour une équipe espagnole, l'Once, menée par un fou, Manolo Saiz, qui lui avait fait croire qu'il pouvait gagner le Tour de France. Jalabert l'avait cru. On l'avait tous cru. On sait tous aujourd'hui, Jalabert le premier bien entendu, que ce n'est pas vrai : « Je n'ai pas le moteur pour ça », reconnaît-il, et d'illustrer par un exemple : « Juste avant le Tour de France, j'ai fait le contre-la-montre en côte du Tour de Suisse. J'étais à fond, Armstrong m'a mis trois minutes dans les dents, et lui n'était pas à fond. »

L'automne dernier, c'est un Jalabert tourmenté, indécis sur son avenir, qui a quitté l'Once pour une équipe danoise commanditée par CSC World Online, une compagnie qui vend de la pub sur Internet. En janvier, il se blesse. Début de saison miteux, il finit le Tour de Suisse sur les genoux, s'amène au Tour de France le profil bas. Dans sa nouvelle équipe, il a pour directeur sportif Bjarne Riis, le tombeur

d'Indurain en 1996. Riis entreprend de décrisper Jalabert :
« Oublie le classement général, attaque quand tu te sens
bien, c'est tout. »

Hier, Jaja se sentait bien. Il a attaqué. Le terrain – les petites montagnes des Vosges avec leurs montées civilisées
dans les sapins, et leurs descentes tourniquettées, rendues
très techniques par la pluie –, le terrain, donc, lui convenait
parfaitement. Il a largué ses trois compagnons d'échappée
dans la descente du Collet du Linge. Monter un col, c'est du
vélo. Le descendre, c'est de la F1. Ou du ski alpin. Descendre, c'est affaire de trajectoire. « Pour la trajectoire dans les
descentes de cols, raconte Jalabert, j'ai appris en suivant les
motards de la gendarmerie qui précèdent la course ; les motards ont toujours la bonne trajectoire. Mais la vraie recette
pour descendre un col à 80 km/h, c'est de ne pas penser.

C'est comme ça, alors qu'elle n'y pensait même plus, que
la France a eu un 14 juillet quand même.

MARCO PANTANI

L'ÉLÉPHANT VOLANT

Guzet-Neige, 17 juillet 1995 – Deuxième numéro de haute voltige de « l'elefantino », surnom que les confrères italiens ont donné à Marco Pantani à cause de ses grandes oreilles décollées qui battent de chaque côté de son crâne d'œuf. Pas en reste, *L'Équipe* titrait l'autre jour : « Un éléphanteau, ça monte énormément. »

Pantani a encore montré hier qu'il était sans rival dans la montagne. Pas Virenque. Pas Rominger. Pas un Colombien pour l'approcher. Indurain ? Il ne se soucie pas de Pantani, qui est à 10 minutes au classement général. Une course limpide. Les Carrera ont embrayé au pied du port de Lers pour mettre Pantani en orbite. Pantani est parti. Indurain a tout contrôlé derrière. Jalabert a cafouillé en attaquant au mauvais moment. Rominger a définitivement sombré. Chiappucci fait la gueule, jaloux des succès de Pantani. Virenque tousse encore un peu. Le petit éléphant a monté énormément.

LA SOURIS

L'Alpe d'Huez, 20 juillet 1997 – Les montagnes n'ont-elles pas l'habitude d'accoucher de souris ? En tout cas, l'Alpe d'Huez n'arrête pas d'accoucher de Marco Pantani. On devrait l'appeler la souris au lieu de l'elefantino. D'ailleurs, il est aussi timide qu'une souris. Et à peine plus gros. Il n'a même pas de mollets. Enfin, il en a mais pas plus gros que ceux d'une coiffeuse ou d'un notaire. Pas de cuisses non plus. Pas de bras. Pas d'épaules. Juste des oreilles. Des putains de grandes oreilles qui, certes, l'aident un peu à la manière de deux petites voiles quand il a le vent dans le dos, mais il n'y a même pas de vent en montagne.

Était-ce pour endormir leur peur ? Les 171 rescapés du Tour sont arrivés à toute vitesse à Le Bourg-d'Oisans, au pied du monstre. Deux tournants plus tard (il y a 21 tournants dans l'Alpe d'Huez), les choses étaient décantées. Pantani, Virenque, Ullrich, Riis en avant. Riis n'est pas resté longtemps. Virenque guère plus. Puis ce fut au tour d'Ullrich de grimacer, de perdre 10 mètres, de se battre pour les reprendre. Son directeur technique s'est aussitôt porté à sa hauteur : « Laisse aller. Monte à ton rythme... » Ullrich comprend vite. Il a retrouvé la fluidité de son coup de pédale. Limité les dégâts.

Devant, la souris faisait de « sa » montagne tout un fromage.

LA JOUX PLANE

Morzine, 22 juillet 1997 – Samedi, après sa victoire à l'Alpe, Pantani nous avait avertis : « Ne comptez plus sur moi pour le reste du Tour, j'ai la bronchite. » Il toussait tellement que les autres coureurs l'engueulaient : « Arrête de tousser, Marco, on n'entend plus le tyran tritri. » Ben non, c'est pas vrai, il n'y a même pas de tyran tritri en France, ils ont juste des troglodytes à queue fourchue.

Mais c'est vrai que Pantani toussait. Et personne ne s'est méfié. Dans la montée de la Joux Plane, Pantani était à la queue du petit groupe de tête qui comprenait les mêmes que d'habitude, Virenque, Riis, Ullrich, Bolts, Escartin. Et vous devinez la suite, la pente s'est soudainement redressée et le bronchiteux est parti en toussant comme un fou. Il a gagné évidemment et on songe maintenant à rebaptiser ce col de la Joux Plane le col de la Toux Plane. S'cusez.

AUTOPSIE D'UN CHAMPION

Montréal, 16 février 2004 – Plusieurs choses ont tué Marco Pantani. Mais pas la drogue. Même si l'autopsie officielle qui doit être pratiquée aujourd'hui révélait une overdose de cocaïne. Ni la drogue ni les médicaments.

Corrigeons d'abord la date de son décès. Pantani n'est pas mort hier. Il est mort le 5 juin 1999 à la station alpestre Madona di Campiglio. Il allait remporter pour la deuxième année d'affilée un Tour d'Italie qu'il avait dominé de bout en bout, une chevauchée outrageante pour ses adversaires. L'Italie brûlait de ferveur comme au temps de Bartali et Coppi. En ce radieux matin de l'avant-dernière étape, Pantani était au sommet de sa gloire. Vers huit heures, les médecins de l'Union cycliste internationale sont venus effectuer un contrôle sanguin sur une série de coureurs tirés au sort, dont Marco Pantani. Et c'est la bombe. L'impensable. Bien sûr que l'EPO lui sortait par les oreilles, comme à tous les autres. Mais comment imaginer qu'au pays de toutes les mafias on laisserait deux petits docteurs destituer le roi?

Contrôle sanguin hors norme. Pour raisons médicales (comme Geneviève Jeanson à Hamilton), Pantani n'a pas été autorisé à prendre le départ de l'avant-dernière étape de ce Tour d'Italie qui lui appartenait.

Il s'est mis à pédaler vers la mort à partir de là. Un long tunnel qui l'a mené jusqu'à cet appartement, dans cette auberge de Rimini, où on l'a trouvé sans vie, samedi dernier. Il avait 34 ans. C'est jeune? Plus que vous pensez. Comme souvent le sont les champions de haut niveau, Pantani était un tout petit enfant. Et c'est bien de cela qu'il est mort. D'immaturité.

Mais d'abord deux mots sur la drogue, puisque les curés du sport sont nombreux ce matin à suggérer qu'il est mort d'en avoir trop pris. Pantani était bien sûr de cette culture EPO qui a marqué la dernière décennie. Mais il n'est pas mort d'en avoir pris trop, il se pourrait, au contraire, qu'il soit mort, un peu, *de n'avoir pu en prendre en toute quiétude et impunité* comme les autres. À partir de son exclusion du Tour d'Italie, il a été l'objet d'une surveillance qu'on a voulue exemplaire : il ne pouvait plus aller pisser sans être accompagné d'un commissaire, on fouillait sa chambre toutes les cinq minutes, on a fini par y trouver une seringue avec de l'insuline, il est allé de procès en procès (toujours acquitté) et de suspension en suspension, souvent remise. Ses saisons perturbées par les affaires, incapable de se « préparer » comme avant, ses performances se sont mises à décliner, il est devenu irritable, puis complètement paranoïaque. En fait, il est devenu fou à force de surveillance et de harcèlement judiciaire. Si bien que cet été on a dû l'interner dans une clinique de Milan.

N'oubliez pas, il était tout en haut. L'Italie à ses pieds. Tout en haut, au-dessus des règles comme ils croient tous l'être. « Touchez-vous à l'EPO ? » avait osé lui demander un journaliste lors de la présentation du parcours du Tour de France en 1999. « Ça, mon ami, c'est ma vie privée », lui avait-il répondu. Il était convaincu, comme ils le sont tous, que cela ne regardait que lui.

Le personnage était attachant, le coureur immense. Un pur grimpeur comme on n'en avait pas vu depuis le Colombien Lucho Herrera. Pantani est arrivé dans le peloton professionnel au moment où la mode était aux grosses cylindrées, aux locomotives genre Indurain qui montaient les cols en puissance. Pantani, lui, moulinait des petits braquets de cyclosportif. Au lieu d'« écraser », il effleurait les pédales, un cabri qui faisait passer les autres pour des bœufs de labour. Pas de cuisses, pas de bras, des grandes oreilles qu'il déployait pour prendre le vent, des démarrages effarants. Pour qui aime la pédale et la montagne, Pantani était un géant. J'étais en haut de l'Alpe en 1997. « Putain ! a dit le motard qui le suivait, il est géant ce mec, il roulait à 30 dans le 9 % ! » Le géant a ôté son bandana, nous a toisés, et solennellement : Ho vinto per mia mamma ! J'ai gagné pour ma môman.

Mia mamma. Le plus haut taux de mammatocrite du peloton. Je vous ai dit, un tout petit enfant. Il n'allait pas aux putes, ni aux danseuses. Vélo, EPO, dodo. Et la mamma. Il lui apporté deux Tours de France, un Giro, des Alpes d'Huez, des Galibiers, des mont Ventoux. Et le sang recueilli de ses plaies.

Le 5 juin 1999, il était à deux jours de lui offrir un deuxième Giro quand il a été publiquement disgracié. Maman, bobo. Vous, moi, un homme ordinaire, un sportif ordinaire, nous nous en serions remis. C'est plus compliqué pour les grands champions. Infantilisés dès leur plus jeune âge par le succès, par les applaudissements, par le high que donne la victoire, ils sont incapables de se projeter dans la réalité d'une vie ordinaire.

Ce n'est pas la drogue qui a tué Marco Pantani. Il n'en prenait pas plus que les autres. Ce ne sont pas non plus les antidépresseurs. Patani est mort d'une maladie fort commune chez les champions sportifs : l'immaturité.

TONY ROMINGER

UN TOUR DE FRANCE FRANÇAIS !

Puy-du-Fou, 3 juillet 1993 – Les Français sont contents, même ceux que le vélo indiffère. Les Français sont contents parce que le Tour de France cycliste, ce monument national qui fête ses 90 ans aujourd'hui, est redevenu le Tour de France.

Oubliées, ses extravagantes prétentions européennes de l'an dernier. Pardonnées, ses traîtres escapades ibériques et bataves. Les Français sont contents : le Tour de France est revenu en France. Trois semaines en France. Trois mille sept cents vingt kilomètres français. Dans la campagne et les montagnes françaises. On refera même Verdun, mon vieux, comme en 14 !

Seule fausse note : ce Tour super français, c'est encore un Espagnol qui va le gagner !

« Ou pire, un Suisse ! » comme me le disait Monsieur Mouille hier midi, au Café-bar Mouille, à Torfou :

– Passe encore pour les Espagnols, qui sont pauvres, mais les Suisses ? Quelle nécessité ont-ils de gagner le Tour de France ? Je vous le demande.

– Je ne sais pas, M. Mouille. Pour embêter les Français peut-être ?

– Non. Le Suisse n'est point de nature vindicative.

— Pour le plaisir de la chose alors ?

— Le Suisse ne pense pas à son plaisir. Il pense à son profit. C'est un banquier. Je vous ressers un petit Muscadet, monsieur le journaliste canadien ?

Torfou est un petit village dans les vignes sur la route qui mène au Puy-du-Fou, aux confins de la Bretagne, de la Vendée et du Poitou. Le Café-bar Mouille était plein...

— C'est la moindre des choses que le Tour redevienne français, ajouta encore M. Mouille, puisque, depuis mars, la France elle-même est redevenue la France en chassant les socialistes...

Et comment mieux se remettre à l'heure française qu'avec ce départ au Puy-du-Fou, en Vendée catholique, traditionaliste, voire royaliste ! En Vendée, la terre est riche, les vaches sont grasses, les églises sont pleines, et Philippe de Villiers, député du coin et châtelain du Puy-du-Fou, est giscardien, bien sûr...

Le Puy-du-Fou, c'est un vieux château en ruines dans un parc de récréation où l'on présente un grand spectacle, 2200 acteurs, 4000 costumes, 300 feux d'artifice, bref, ce genre de spectacle hystérico-historique – on en est friand aussi au Québec – où ce sont les chiffres qui font la grandeur de l'œuvre. C'est vous dire si le Tour, avec son clinquant et ses paillettes de fête foraine, sa caravane peinturlurée et criarde, est bien à sa place au Puy-du-Fou...

Pour ce qui est de la pédale proprement dite, ce 80e Tour de France sera espagnol, suisse et italien. Mais pas forcément dans cet ordre. Les experts, les « vrais » du vélo, ceux qui sentent la course, jurent que le Tour de 1993 sera suisse. Leur favori : Tony Rominger. Tony qui ? Ro-min-ger. Suisse-allemand. Trente-deux ans. D'où sort-il ? Il ne sort pas justement. Il est encore dans l'ombre où son extrême timidité le confine.

Ce n'est cependant pas la timidité qui l'a empêché, jusqu'ici, de briller au Tour de France. C'est tout bêtement la fièvre des foins. Après deux expériences pénibles (en 1988 et en 1990), Rominger revient à la charge. À 32 ans, c'est son last call. Après le Tour d'Espagne (sa deuxième victoire de suite), il est allé s'entraîner en altitude, au Colorado. Rominger est un scientifique, un méthodique. L'élève le plus appliqué des professeurs Conconi et Ferrari, les célèbres et mystérieux « faiseurs de champions ».

La presse sportive qui reprochait à Miguel Indurain d'être un champion aride (en entrevue), décèle en Tony Rominger une menace de sécheresse médiatique plus grande encore. Un homme qui déclare que la popularité, même un tout petit peu de popularité comme présentement, « le tourmente énormément », cet homme-là n'est pas un homme qui s'apprête à vous donner de la bonne copie !

LA MONTRE SUISSE

Essonne, 25 juillet 1993 – Un Suisse qui gagne contre la montre, ça ne devrait étonner personne. À cette vitesse-là, un peu quand même. Le Suisse Tony Rominger n'est jamais descendu du TGV qui a ramené les coureurs de Bordeaux à Paris vendredi soir. Il a survolé hier après-midi les 48 kilomètres du contre-la-montre de Montlhéry. À côté, Miguel Indurain avait un peu l'air d'un train de banlieue.

Drôle de bonhomme, ce Tony Rominger, drôle de Suisse né d'une mère danoise, qui court pour une équipe espagnole (Clas), habite Monaco, s'entraîne au Colorado, passe ses vacances en Californie et est suivi par un médecin italien. C'est surtout cela qu'il faut retenir. Rominger est un produit de la médecine sportive italienne de pointe. Le plus vieux client de Michele Ferrari, le biochimiste gourou des marathoniens italiens et, maintenant, des cyclistes Moser, Las Cuevas, et bien d'autres.

Le Dottore a suivi Rominger pendant tout le Tour de France. Pas suivi : couvé, veillé. Tout juste s'il ne lui prenait pas le pouls durant la course. Ne souriez pas. Dans les trois premières étapes, Rominger n'avait pas le droit de dépasser les 175 pulsations à la minute, sauf si la course explosait, bien sûr. Rominger suit religieusement le Dottore depuis sept ans. Avec lui, il a appris à s'entraîner beaucoup moins mais mieux. À Ferrare, dans un laboratoire équipé comme ceux de la NASA, le Suisse se soumet ponctuellement à des tests compliqués, destinés à établir avec précision son « point anaérobique », son point de rupture. Ainsi, quand Rominger dit avant une épreuve qu'il se sent fort, ce n'est pas pour parler, c'est une donnée scientifique. Et justement, depuis les Pyrénées, Rominger n'arrête pas de dire qu'il se sent de plus en plus fort...

À ceux qui s'étonnent de son âge, 32 ans, en principe l'âge du déclin, il répond qu'il a commencé sur le tard, qu'il n'est donc pas usé. « Le secret, ajoute-t-il, c'est d'avoir de la méthode, de ne pas se disperser... » Et cela aussi, il le tient de Ferrari, grand spécialiste de la préparation méthodique et de bien d'autres choses, mais c'est une autre histoire. Hier, tout de suite après la victoire de son protégé, Ferrari décidait : « Pas de championnat du monde pour nous. Récupération. De toute façon, qu'irait faire Rominger sur le terrain de Cipollini ? À partir de demain, on prépare le Tour de France 1994. »

TONY LE MALIN

Lannion, 3 juillet 1995 – Tony Rominger ne voulait plus parler aux journalistes. Ce n'est pas tant les journalistes, ce sont les entrevues, les photos. Tranquillité. Rominger rêve de pédaler sur la lune, tout seul. Si c'est comme ça, ont dit les journalistes, on boycotte Mapei qui commandite Rominger et son équipe... Depuis quelques jours, le nom de Mapei (un fabricant de produits chimiques italien) n'apparaissait plus dans aucun article...

Conférence de presse d'urgence la veille du prologue. Rominger, tout miel, tout sourire : « Voyons donc, les gars, c'est un malentendu. Je vous aime. On se faxe, on se fait une bouffe... » Un à zéro pour les journalistes.

Après le prologue, les journalistes entourent leur nouvel ami : « Quel est le coureur que vous redoutez le plus à ce Tour de France, M. Rominger ? Ugrumov, répond le petit Tony sans hésiter. Consternation des confrères : Ugrumov ne sera pas du Tour. « Ah bon, il n'est pas dans le Tour ? » de s'étonner Rominger, avant de s'éloigner, avec un petit sourire narquois. Un à un pour Rominger.

TONY LE MALIN (BIS)
Liège, 9 juillet 1995 – Autant j'aime les silences des Espagnols, autant les propos sulfureux du Suisse m'amusent. Il a allumé le feu au début du Tour en déclarant : « Vous pensez que ça m'enchante de courir le Tour de France ? Je le fais parce que mon sponsor me l'a demandé. Personnellement, d'avoir gagné le Tour d'Italie suffisait largement à ma gloire pour cette année... » L'organisation du Tour n'a pas apprécié que Rominger prenne le Tour comme corvée. C'est qu'il risque de le gagner ! Imaginez le désastre. Rominger en jaune sur les Champs-Élysées qui fait la gueule !

Il dit des choses énormes et les assume. L'autre jour, il a dit qu'il préférait des équipiers espagnols : « Ils sont plus loyaux que les Italiens, et ils ont plus faim. » (Il court pour une équipe italienne.) Il n'a pourtant pas la tête d'un fouteur de merde. En civil, ce petit bonhomme malingre a l'air d'un commis au rayon des souliers chez La Baie.

RICHARD VIRENQUE

LE COUSIN DE PROVINCE

Pau, 7 juillet 1992 – Richard Virenque pleurait en enfilant son maillot jaune. Pensez, à 22 ans. Invité de dernière minute dans la petite équipe RMO. Le vrai cousin de province qui arrive en ville. Ce matin, juste avant le départ, il s'est fait engueuler. Pas personnellement. Toute l'équipe RMO s'est fait parler dans le casque par le proprio, qui leur a dit : « C'est simple, les petits gars, ou bien vous roulez, on vous voit, on parle de vous dans ce Tour, ou bien vous êtes tous au chômage à l'automne. Je ferme la boutique. »

À 20 kilomètres du départ, Richard Virenque attaque. Il en restait 235 ! Le peloton dormait. Un Espagnol au nom impossible de Murguialday se dégage à son tour, escorté par un autre RMO, Dante Rezze. Ils rejoignent Virenque. Ils ont compté jusqu'à 22 minutes d'avance. Ils en avaient encore cinq à l'arrivée. Assez pour que Virenque endosse le maillot jaune, le maillot vert, et le maillot à pois du meilleur grimpeur. Il n'aura pas froid cette nuit.

Non, il n'a pas gagné l'étape. Comme ils ont fini à deux (Rezze avait décroché dans la montée de Marie-Blanque), l'étiquette cycliste veut que celui qui gagne le maillot jaune laisse l'étape à son compagnon. Même un cousin de province sait cela. Richard n'a même pas levé la tête quand l'Espagnol a démarré à 200 mètres de l'arrivée.

Richard pleurait sur le podium. Le boss de RMO souriait : « Je vais les engueuler tous les matins ! »

UN PEU DE SIROP

Saint-Étienne, 14 juillet 1995 – Oh la vilaine ville « au fond d'une dépression », dit le guide *Michelin*. Oh la vilaine étape ! Cette échappée d'une dizaine de sans-grades dans l'indifférence du peloton, quel ennui. Ils ont fini à deux. Sciandri le sprinter et Buenahora le grimpeur. Devinez qui a gagné.

Une étape à oublier. J'ai pas envie de vous la raconter. À la place, me permettez-vous de parler contre Richard Virenque ? Y m'énarve, mais y m'énarve. Virenque, c'est l'idole des Français. La télé n'a pas assez de caméras pour le filmer, pas assez de micros pour rapporter ses prophéties. Petit flash-back : dans une étape de montagne du Midi-Libre où il venait de battre Indurain, Virenque déclare : « Miguel ne m'impressionne pas. » Il en rajoute dans la première semaine du Tour : « Je me sens super. Je vais faire un malheur dans la montagne. »

Première étape de montagne, il reste planté à quatre minutes d'Indurain. Il a pris froid, explique-t-il en toussant abondamment dans le micro. Deuxième étape de montagne, Virenque attaque de loin, le gars de la télé s'égosille : « Extraordinaire ce que fait Richard. » Mais ça se termine mal, il est largué dans la montée de l'Alpe. À la ligne d'arrivée, le gars de la télé : « Cette angine, Richard, elle ne passe pas, on dirait ! »

Un peu de sirop avec ça ?

DU GRAND VÉLO

Courchevel, 21 juillet 1997 – Vous savez, mon allergie à Virenque ? Comme je le trouve petit ? Eh bien, hier, juste pour me contrarier, il a été grand. Il a fait exploser la montagne. Et Jan Ullrich a bien failli sauter avec. Une des grandes étapes de l'histoire du Tour de France.

Les Festina de Virenque se sont portés à l'attaque dès le premier col. Le Glandon. Des fous, lancés à fond dans les sections à 12 %. Cueillis à froid, les Telekom ont sombré plus vite que le *Titanic* et Ullrich s'est retrouvé seul au milieu de sept Festina. Ça sentait la poudre et le drame. Affolé, l'Allemand n'arrêtait pas de se retourner : « Où est passée ma gang ? » Il a tenu le coup dans la montée. Mais dans la descente, Virenque a réussi à le décrocher. Dieu qu'Ullrich descend mal, et crispé ! À deux reprises, il a failli passer par-dessus le parapet. Il concédait 1 min 35 au bas du Glandon. Heureusement, Riis est arrivé. Il a calmé Ullrich, on l'a vu lui ordonner de manger et de boire. Puis il l'a ramené sur son porte-bagages. Accompagnés d'Escartin, ils ont rejoint Virenque et les Festina juste avant d'attaquer l'ascension du col de la Madeleine...

Du grand vélo. Riis, dans un état de grâce, a mené l'assaut dans la Madeleine. Il a usé les chevau-légers de Festina, et à la fin, il ne restait plus qu'Ullrich et Virenque. Du grand vélo, mano mano. Deux démarrages très secs de Virenque. Ullrich revient chaque fois. Et relance à son tour. Virenque s'accroche. Grandiose. De guerre lasse, ils sont montés ensemble. Virenque devant. Ullrich refusant de prendre le relais. Ce n'était pas son jeu. Son jeu, c'était de contrôler. Virenque a tiré Ullrich pendant les 12 derniers kilomètres. Virenque avait déjà beaucoup donné, Ullrich allait le battre facilement au sprint, ou bien... on sait ce qu'aurait fait Indurain en pareilles circonstances. Mais Ullrich, 23 ans, une autre culture, une autre génération ?

Il a choisi d'être droit.

Note Et moi, j'ai choisi d'être con. Dans la foulée des scandales qui ébranlent le cyclisme depuis 1998, on apprenait que Virenque avait acheté à Ullrich sa victoire à Courchevel.

INTOX

Disneyland, 27 juillet 1997 – Comment font-ils pour rouler à 50 km/h sur 63 kilomètres ? J'ai déjà eu une voiture, une Aries, je me souviens, qui ne faisait pas ça. Et on ne parlera pas de mes vélos. Bref, un duel Olano-Ullrich, gagné par Olano, qui sauve un peu son Tour, et l'honneur des Espagnols, inexistants cette année. Ullrich a fait son signe de croix en passant la ligne. « Merci mon Dieu, c'est fini. »

C'était sa dernière bataille avec Virenque. Virenque qui l'avait provoqué encore une fois : « Cette fois, Ullrich ne me rattrapera pas ! » Effectivement, Ullrich ne l'a pas rejoint. Il s'en est fallu de 13 petites secondes. Et Virenque de triompher. Et les cons de la télé de disjoncter, Richard a encore réussi son pari ! Attendez que je compte, si Virenque, parti trois minutes avant Ullrich n'en avait plus que 13 à l'arrivée, c'est donc qu'il a concédé 2 minutes 47 secondes à l'Allemand. Où ça, un triomphe ? Le truc de Virenque depuis une semaine c'est de nous faire croire qu'il est passé à un cheveu de battre Ullrich. Mais quand on regarde le classement général, Virenque est à plus de 9 minutes d'Ullrich. Indurain n'a jamais gagné un Tour avec 9 minutes d'avance. Il faut reculer de 13 ans pour trouver un deuxième perdu aussi loin dans la brume.

ALLEZ, RICHARD !

L'Alpe d'Huez, 15 juillet 1999 – L'Alpe d'Huez devait être belle avant qu'on en fasse une station de ski. C'est maintenant la montagne la plus vulgaire de France, avec plein de condos en haut et un grand boulevard pour y grimper. Il eût été amusant que Richard Virenque arrivât le premier en haut de ce boulevard hier, parce que hier, c'était le 14 juillet et on aurait tout eu en même temps : la légende, la rédemption, les flonflons, la vulgarité.

Le Tour de France, c'est beaucoup la vulgarité, c'est beaucoup l'Alpe d'Huez, le Puy-du-Fou, le Futuroscope, ces parcs d'amusement pour affairistes bougalous. Le Tour, c'est beaucoup le lyrisme pompier de Richard Virenque. Virenque projetait une victoire à l'Alpe d'Huez ce 14 juillet pour en faire cadeau à la France. Il n'est même pas passé proche.

Quand l'EPO ne lui sort pas par les narines, Virenque est un honnête grimpeur sans plus. Même chargé, c'est pas Pantani. Avant qu'il ne se retrouve au centre de l'affaire que l'on sait, on pouvait déjà se demander ce que la France profonde trouvait à ce petit vaniteux. Depuis l'affaire, il a fait un fou de lui, il a renié ses amis, on s'en moque tous les jours dans tous les journaux de France et de Navarre, et pourtant les Français l'adorent plus que jamais. Allez, Richard !

RICHARD LE FRANCHOUILLARD

Morzine, 13 juillet 2003 – Je ne crois pas Virenque quand il dit qu'il est sorti du peloton juste pour faire les points de la montagne. Il avait planifié cette sortie. Comme il ne grimpe plus très bien, il avait choisi cette étape de moyenne montagne pour tenter un truc de très loin. « Ma manière », dit-il. Il n'a plus le choix des manières : ou il part de loin, ou il ne part pas du tout parce qu'il n'est plus dans le coup quand les choses deviennent vraiment sérieuses.

Deux cents kilomètres d'échappée. Survolté par la foule, enflammé par son propre mythe. Toutes les courses de Virenque sont des reality shows. Plus franchouillard, y a pas. Plus « France d'en bas », ça se peut pas. Magnifique, lui a dit le gars de la télé. Ma manière, a-t-il répondu. Modeste comme à son habitude !

En fait, c'est un rusé. Il sait que, pour les grands, il est devenu une quantité négligeable. Il savait hier que les US Postal ne se lanceraient pas à ses trousses. D'ailleurs, Armstrong l'aime bien. Ce maillot jaune, c'est une fleur d'Armstrong, qui n'a pas fait sonner la garde. Pour que l'entreprise de Virenque réussisse, il fallait une dernière condition : que la bataille n'éclate pas entre les grands. Il n'y a pas eu de bataille. Derrière le train bleu des US Postal, ni Beloki ni Ullrich n'ont bronché. Parce qu'ils n'en avaient pas les moyens ? En prévision d'aujourd'hui ? Va savoir. Armstrong n'avait pas l'air si à l'aise. Mais d'un point de vue tactique, une course impeccable. Ce n'était pas à lui de bouger.

Voilà Virenque avec le maillot jaune. Il l'avait porté brièvement à son premier tour, il y a 12 ans, et puis plus jamais. Voilà le chouchou des Français en jaune la veille du 14 juillet. Un petit pétard en attendant des vrais feux d'artifice.

LE MAILLOT NOIR

LE 114 EST TOMBÉ

Cauterets, le 19 juillet 1995 – On a appris la chute à Radio-Tour : « Le 114 est tombé. » On n'a pas noté. On n'a même pas consulté la liste des engagés. Il y a tant de chutes chaque jour. Le 114 se relèverait, voilà tout.

On a appris la mort du 114, Fabio Casartelli, vers 14 h 30. Toujours à Radio-Tour. La voix habituellement autoritaire de Jean-Marie Leblanc chevrotait : « Le docteur Gérard Nicolet vient de me communiquer que Fabio Casartelli est mort à 14 h à l'hôpital de Tarbes où il a été conduit après sa chute. La réanimation a échoué. Messieurs, le Tour est en deuil. »

Giancarlo Perini, le vieux chauve, grognard de 10 Tours de France, vient de franchir la ligne d'arrivée. Il est tombé en même temps que Casartelli, son maillot déchiré dénude une épaule en sang. Il raconte en pleurant : « On était dans la descente de Portet d'Aspet, le premier col du jour. C'était une courbe longue. Douce au début. Mais tu crois qu'elle est finie et elle tourne encore et encore. On est entré à 85 km/h dedans. On était quatre ou cinq, déjà un peu déportés sur l'extérieur. Il y avait Museeuw, il y avait le Colombien Aguirre, François Simon. On était de plus en plus déportés. On ne pouvait plus redresser. Fabio est tombé le premier. J'ai suivi et, après moi, Rezze est passé par-dessus le parapet. Je me suis relevé. Je suis reparti. Les médecins étaient déjà là. Fabio ne bougeait plus. Beaucoup de sang. »

— Quand avez-vous su qu'il était mort?

— Beaucoup plus tard dans la course. Un commissaire nous l'a dit. Il aurait pu attendre l'arrivée, non? Le gruppetto dans lequel j'étais a arrêté de rouler. J'ai pleuré. J'ai voulu abandonner et puis, non. J'ai continué pour lui.

Le vieux a essuyé une autre larme et nous a demandé : « Comment il est mort, vous savez? » On sait. Casartelli a heurté un bloc de ciment avec sa roue avant. Un de ces blocs « sécuritaires » qui servent en principe de garde-fou. Il a été projeté dans les airs et est retombé face la première sur la route. Violent enfoncement facial. Gérard Porte, le médecin-chef du Tour : « J'ai su tout de suite que c'était très grave. L'hélico est arrivé. Dans l'hélico, Casartelli a fait trois arrêts cardiaques. Il n'est jamais sorti de son coma. Il avait perdu énormément de sang... »

— S'il avait eu un casque?

— Ça n'eût rien changé. Il est mort d'un enfoncement de toute sa face qui a reculé sous la violence du choc.

Les coureurs de tête n'étaient pas au courant. Ils ont appris la mort de Casartelli en descendant de vélo. Virenque, le vainqueur du jour, a aussitôt dédié sa victoire à la famille du jeune coureur. Le Danois Bjarne Riis a pleuré. Jalabert s'est excusé, incapable de parler. Derrière, les coureurs savaient. Dans les gruppetti qui franchissaient la ligne, ceux de « l'autobus » avaient le visage défait. Thierry Marie : « Ce ne sont pas des choses à nous dire en course... ». Johan Bruyneel, le vainqueur de Liège : « J'étais derrière la chute, j'ai vu le sang. Je ne savais pas qui c'était. »

Il avait 24 ans. Il était marié. Un bébé. Il était de Lombardie, du lac de Come. Il n'avait jamais confirmé sa victoire olympique à Barcelone. Sa carrière piétinait un peu. Il était passé chez Motorola cette année où on comptait sur lui pour le contre-la-montre par équipes. Je le connaissais à peine. Je le vois descendre la volée de marches de la roulotte Motorola, il était très mince, gracile comme un enfant. Comme les autres, il laissait une impression de fragilité, mais on se dit bof, ils roulent à 60 sur le plat, ils descendent des cols à 85 km/h, ils sont faits en acier.

Ils sont faits en acier. Et ils sont fragiles.

Hier soir, les six coureurs de Motorola qui restent en course ont longuement veillé le corps de leur compagnon dans une chapelle ardente de l'hôpital de Tarbes. Ils ont pour noms Bauer, Armstrong, Peron, Meijia, Swart et Andreu. Ils ont décidé de finir le Tour. Le capitaine de route, Alvaro Meijia, s'est brièvement adressé à la presse : « La majorité des coureurs de notre équipe veulent continuer. C'est aussi le vœu de la famille de Fabio, que nous finissions le Tour. » À l'hôtel Campanile, où ils vont essayer de dormir, je n'ai trouvé que le médecin italien de l'équipe, le Dr Testa, pour un bref hommage : « C'était un garçon très gentil. »

LE MAILLOT NOIR

Pau, 20 juillet 1995 – Il n'y a rien à comprendre. Le Tour, le sport, sont justement de ces choses que l'on fait pour ne pas avoir sans cesse les yeux fixés sur la mort. Et puis voilà qu'elle surgit. Forcément, cela frappe. Cela dérange les perspectives. La fête n'est plus la fête. Les Français sont muets, ce qui est quand même étonnant ; ils font chaque année le tour de leur France comme ils feraient le tour de leur jardin, mais il y a un mort maintenant dans leur jardin. Un jeune homme. Ils ne comprennent pas.

Le Tour s'est réveillé à Tarbes, sonné et exsangue. Le Tour continue, disent les organisateurs. Il continue en laissant une flaque de sang derrière lui, comme Casartelli sur l'asphalte hier. Une belle et digne cérémonie a précédé le départ, devant les halles de Tarbes. Une foule recueillie se pressait aux barrières. Pendant la minute de silence, les six survivants de Motorola se sont tenus devant le peloton, statufiés. Les Banesto, les équipes italiennes arboraient un ruban noir sur leur maillot. Gianni Bugno, visiblement bouleversé, se serait effondré sans l'aide de Sciandri.

Le détail le plus émouvant ? Le vélo dérisoire de Fabio Casartelli, dressé contre le ciel, sur le toit de la voiture du directeur technique des Motorola. Son numéro 114, barré d'un crêpe noir.

Il a bien fallu partir. Le mort, lui, est resté au Centre hospitalier de Tarbes où je rencontrais le directeur adjoint, Romain Gabaup. Le personnel se remettait de la tornade médiatique de la veille. Des dizaines de journalistes qui tapaient leur texte dans les couloirs ou, comme moi, sur le gazon devant la porte d'entrée principale. Le résultat, dans les journaux de ce matin, est d'une étonnante sobriété. « Très bien les journaux ce matin, reconnaît le directeur adjoint. Je regrette seulement que France 3 ait montré le corps au journal télévisé. Nous avions demandé aux caméras de ne pas filmer à l'intérieur de la chapelle ardente. Le visage était trop défait, même maintenu par des bandelettes. »

— Où est-il maintenant ?

— Dans un tiroir réfrigéré. Les coureurs l'ont veillé jusque vers 9 h. Le Dr Testa, de l'équipe Motorola, qui est aussi un ami de la famille de Casartelli, est resté jusqu'aux petites heures. Vers midi, un avion privé emmènera le cercueil de Casartelli vers Milan...

Le Tour a repris la route hier dans la touffeur d'une des plus chaudes journées de l'été. Les coureurs s'étaient donné la consigne d'aller lentement, comme on va à un enterrement justement. La famille, les équipiers de Casartelli, roulaient devant. Ils n'ont pas vu les chevaux sauvages dans la rocaille de l'Aubisque. Ni les glaciers du Balaïtous. Ni la jeune femme à sa fenêtre dans la traversée d'Oloron-Sainte-Marie. Deux cents trente-sept kilomètres les yeux rivés sur l'asphalte bleuissant, dans un silence engourdissant.

Les coureurs du Tour de France ont écrit hier, entre Tarbes et Pau, une des plus belles pages de l'histoire du cyclisme. Ils ont résisté aux pressions des organisateurs, aux exhortations des sponsors, aux totons de la télé qui voulaient sauver leur show. Ils ont mené leur pavane pour un enfant défunt jusqu'à l'arrivée.

À 5 kilomètres de l'arrivée, les 6 Motorola sont allés se placer à environ 100 mètres devant le peloton. Le scénario avait été proposé le matin par des coureurs italiens de différentes équipes et soumis à Indurain, qui donna, bien sûr, sa bénédiction. Les Motorola devaient franchir la ligne d'arrivée détachés, et au ralenti. À eux de décider du vainqueur, puisqu'il en fallait un. Ainsi fut fait. Six de front : Bauer reconnaissable à sa casquette, Armstrong et Meijia casqués, Frankie Andreu, Stephen Swart, et Andrea Peron, le compagnon de chambre de Casartelli, qui a passé la ligne le premier.

J'ai vu des grands trucs dans le sport. Jamais rien d'aussi émouvant que ces six garçons passant la ligne d'arrivée ensemble, au ralenti. Les coureurs du Tour de France ont disputé hier la plus belle course de l'histoire du cyclisme.

Un seul coureur s'est échappé. Il portait un maillot noir.

Ils ne le rejoindront jamais.

POUR FABIO
Limoges, 22 juillet 1995 – « Pour toi Fabio ! » Un doigt pointé au ciel, le Texan Lance Armstrong a dédié sa victoire à l'absent. Armstrong est le leader de l'équipe Motorola à laquelle appartenait Fabio Casartelli. Décidément, ce Tour qui nous a plongé dans le drame il y a trois jours, ne nous lâche plus les tripes. Disons tout de suite que la victoire d'Armstrong à Limoges est une victoire à la régulière, à l'énergie. Ce n'était pas une faveur, une mise en scène des coureurs. S'il y a eu entente, ce ne peut être qu'avec le Ciel.

Décidément, on n'aura jamais autant braillé. Il y avait bien des yeux rouges à la ligne d'arrivée. Pourquoi pleurez-vous madame ?

– Pour la même raison que vous.

C'est vrai, un petit peu, moi aussi.

Ils étaient 12 en échappée et Armstrong avait peu de chances de l'emporter au sprint, notamment à cause de Sciandri. Je n'ai pas envie de vous parler de vélo, mais il faut bien que je vous dise que ce n'était pas du cinéma. Ou plutôt si. C'était comme au cinéma, un film très triste, mais la dernière image est belle, un enfant qui rit, un chat qui traverse la rue, une chanson de Billie Holiday. T'en sors content et triste. On était comme ça hier, content et triste.

Armstrong a attaqué, les 11 derrière lui ne lui ont fait aucun cadeau, mais Armstrong volait, sans doute à force de penser au ciel. Il est entré seul dans Limoges. J'y pense, son doigt au ciel, c'était peut-être aussi pour dire fuck you la mort.

SOUFFRIR DU CŒUR

Paris, 24 juillet 1995 – Je trouve les Champs-Élysées très napoléoniens. Parfaits pour un défilé de camions de pompiers, mais pour une fête cycliste, je les trouve trop... Je les trouve trop, c'est tout. Dans cette pompe impériale, les coureurs paraissent petits. Alors qu'ils sont grands. Même qu'ils n'ont jamais été aussi grands que cette année. Ils sont allés au-delà d'eux-mêmes, bien sûr. Comme d'habitude, ils ont souffert, ils ont eu très chaud, ils ont été malades, ils sont tombés plusieurs fois. Ils se sont relevés.

Sauf un. Celui-là a rendu les autres meilleurs. Il y a longtemps, les hommes immolaient de temps en temps un des leurs. Ils disaient que c'était pour apaiser les dieux. C'était plutôt pour retrouver, dans l'épreuve partagée, le sens de la solidarité. C'est le hasard aujourd'hui qui se charge des sacrifices. Mais le résultat est le même. La mort de Fabio Casartelli a serré les rangs du peloton. Après la mort de leur compagnon, 120 coureurs ont repris la route en une longue et silencieuse procession. On a vu alors ces professionnels de la souffrance souffrir autrement. Du cœur.

C'est la plus belle image que je garde du Tour de France 1995.

AUTOUR DU TOUR

Tour 101

BOUM!

San Sebastian (Espagne), 4 juillet 1992 – La direction du Tour, conseillée par Delgado et Indurain, a de toute évidence conclu un marché avec les séparatistes basques. L'ETA utilise très librement le Tour comme tribune politique, notamment à proximité de la salle de presse et des caméras des grands réseaux européens. Les sympathisants de l'ETA diffusent leur catéchisme et distribuent des tracts qui répètent le slogan qu'on trouve sur tous les murs de San Sebastian : « Ici, ce n'est pas la France. Ici, ce n'est pas l'Espagne... »

Et puis voilà cette voiture d'Antenne 2 qui explose et brûle dans un stationnement du centre-ville hier après-midi, incendiée par un terroriste. Grande agitation dans la salle de presse, visite du maire qui vient rassurer tout le monde : plus de fumée que de mal. C'est une erreur, un cow-boy qui n'a pas reçu le communiqué de l'entente...

Pour ce qui est de la séparation, le Basque de la rue serait plus porté vers l'autonomie que vers l'indépendance pure et dure. Il souhaiterait quelque chose comme « un pays basque fort dans une Espagne unie ». Voyez ce que je veux dire ?

« J'AI MAL, C'EST LE BONHEUR ! »

Luxembourg, 14 juillet 1992 – Hier matin, près de la roulotte Motorola, Steve Bauer et Andy Hampsten pressentaient le désastre. Ils venaient d'aller reconnaître le circuit dans la voiture de Hennie Kuiper. Les faces étaient longues. «Fucking wind ! » a dit Hampsten. Avec la pente et le vent, on peut perdre jusqu'à 2 minutes comme rien dans les 10 derniers kilomètres. «Yeah, murder ! » a ajouté Bauer à sa manière laconique. Murder, en effet : plus de sept minutes pour Bauer.

Mais c'est pas tout le monde qui angoissait. Les trois quarts des coureurs du peloton n'en avaient rien à foutre de ce contre-la-montre qui ne changerait rien dans leur vie. Frankie Andreu, par exemple, très loin au classement, écoutait Bauer et Hampsten avec le sourire : « C'est mon premier Tour de France, j'espère seulement le finir. Pour moi, c'est presque une journée de repos. » Il a fini à 14 minutes d'Indurain, pas trop fatigué.

Place des Glaces, où les équipes se préparaient pour le départ, les badauds faisaient cercle autour des vélos futuristes de Castorama. Jacky Durand m'a accueilli avec son rituel « Tiens, v'là le Canadien », et en imitant l'accent que je n'ai pas. Jacky a couru le Tour de l'Abitibi en 1985 : « Tout ce dont je me souviens, c'est des grandes lignes droites. Et que c'était un coin très perdu. Et qu'on a été super bien reçus et qu'on s'est bien marrés... ». Lui aussi, c'est son premier Tour de France. Lui aussi en arrache. Lui aussi, ça le fait rire : « J'ai mal, c'est le bonheur ! »

Sont gentils les coureurs. Et plus ils sont loin au classement général, plus ils sont gentils. Plus ils ont le temps de parler. Sous la tente du coiffeur, il y avait un Colombien qui attendait son tour, Alberto Camargo. Il m'a raconté sa vie, en espagnol. J'avais beau lui faire signe, « je comprends pas », il continuait pareil. C'est la coiffeuse qui m'a traduit : « Il ne vous raconte pas sa vie, il vous dit que vous pouvez passer avant lui. Il n'est pas là pour se faire couper les cheveux... »

– Ah bon ! Il est là pour vous ?

– C'est ça ! C'est le troisième ce matin. Sais ce qu'ils ont, doivent s'ennuyer de leurs femmes.

Per Pedersen, le Danois de l'équipe espagnole Amaya, épanoui, présentait son bébé fille à tout le monde. Il habite ici, Pedersen. Un Danois qui habite au Luxembourg et qui court pour des Espagnols. C'est l'Europe. Mais j'ai voté contre, comme une majorité de Danois, explique Pedersen. Je viens de la campagne, j'ai beaucoup de copains agriculteurs à qui l'Europe fait très peur. » Marc Madiot, le Français de l'équipe allemande Telekom, arrache chaque matin l'écusson bleu de la CEE, collé sur son dossard...

LES PÈLERINS

Saint-Gervais, 18 juillet 1992 – Ils étaient à mon hôtel à Luxembourg. Ils sont encore ici, à Saint-Gervais. Un couple de Belges dans la cinquantaine. Tous les ans, ce négociant en bières venant de Liège et sa femme prennent une semaine de vacances pour le Tour. Ils n'ont pas manqué une année depuis 15 ans. « Avant cela, dit la dame, Willy faisait le coureur. Peut-être vous souvenez-vous de Willy Monty ? »

– Voyons Annick, c'est loin tout ça, et puis monsieur est Canadien...

Willy Monty, cinq Tours de France comme domestique, et la dernière année, en 1969, avec Eddy Merckx.

– Comment il était, Merckx ?

– On ne l'appelait pas le cannibale pour rien. Il les voulait toutes. On était toujours à fond avec lui.

Willy n'a jamais gagné une étape. « Mon boulot, c'était de voir à ce que le patron ne manque de rien. Et, bien sûr, de faire la locomotive devant. Quand je ramenais Jan Janssen dans le peloton après une crevaison – c'était mon patron avant Merckx, il a aussi gagné le Tour –, quand Jan me disait : « Merci Willy, beau travail », c'était comme si j'avais gagné l'étape, hein...

– Vous faites encore du vélo ?

– Jamais ! Je peux pas. J'ai trop souffert. Mais j'aime toujours la course. C'est comme un pèlerinage, chaque année...

Plus tard, j'ai recroisé sa femme dans l'entrée : « Vous savez, sur le bord de la route, il dit jamais rien, il a la gorge trop serrée. Surtout en montagne quand passent les derniers. »

DÉ-TOUR

Saint-Étienne, 21 juillet 1992 – Marc Blouin, Yves Cochenec et Jean Néron, tous trois de Québec, avaient bien choisi leur promontoire. D'où ils étaient, ils verraient monter les coureurs sur au moins 100 mètres. Ils n'avaient pas prévu que les coureurs allaient disparaître dans ce couloir que fait la foule en se resserrant. T'as beau aimer le vélo, le dessus de la casquette d'Indurain, c'est pas beaucoup d'Indurain.

— On s'est amusés à regarder monter la caravane. Les gros trucks dans les lacets, c'est un bon show aussi.

La veille, ils étaient allés dans le col de l'Iseran et au mont Cenis. Ils ont vu passer Steve Bauer un peu avant qu'il abandonne. « Il faisait pitié, tout seul, juste devant la voiture-balai. On souhaitait qu'il arrête... »

Le Tour n'est qu'un dé-tour de leurs vacances en France. Ils descendaient aujourd'hui en Provence avec femmes et enfants. Marc Blouin a été un des meilleurs coureurs du peloton il y a douzaine d'années. Néron a couru aussi, Cochenec est prof, mais capoté du vélo. Ils roulent ensemble tous les dimanches avec Louis Garneau, le Garneau des maillots et des casques. Ce qui les a le plus impressionnés, c'est le tempo de la course. Marc, qui fut en son temps un fort rouleur, ne comprend pas comment on peut sortir d'un peloton qui roule à 50 km/h. Ils ont monté le Galibier à 22 de moyenne, a calculé Cochenec, le seul des trois à avoir apporté son vélo. Le double de moi, s'est-il découragé.

— Voyez-vous un coureur du Québec capable, dans un avenir prochain, de tenir ces roues-là ?

— Jacques Landry. Mais il faudrait qu'il se dépêche...

— On est revenus à l'ambiance du Tour, aux « petits vieux » qui montent le Galibier, l'Alpe d'Huez avant les coureurs.

— Qu'est-ce que vous voulez dire au juste, par « petits vieux », les gars ?

Si j'ai bien compris leur explication, t'es un petit vieux quand t'as l'âge de ton grand plateau (52). M'en fous, je roule toujours sur la petite en avant (42) ! Ah oui, mais la petite, c'est pas l'âge, ils m'ont dit, c'est le quotient intellectuel.

J'espère qu'il va pleuvoir jusqu'à la fin de leurs vacances.

JOURNALISME

Aurillac, 23 juillet 1992 – Épuisant mais, en même temps, facile à couvrir. Le Tour de France est l'événement sportif le mieux organisé que je n'aie jamais couvert. Communications, résultats, service d'ordre, cette énorme machine tourne avec une efficacité et une précision insoupçonnables... en France.

Épuisant et, en même temps, rafraîchissant. Rarement rencontré des athlètes aussi disponibles que les coureurs du Tour. Dès lors qu'ils sentent qu'on partage leur passion du vélo. Après le premier contact, ce sont souvent eux qui vous abordent. Bonjour, monsieur. Bonjour, jeune homme, bien dormi ?

Note J'ai gardé ce passage par nostalgie d'une autre époque. Les choses ont évolué depuis, pas dans le bon sens vous le devinez. Depuis l'affaire Festina (1998), les ponts sont coupés entre la presse et le peloton. Les communications utilitaires – je te dis pus rien de personnel et viens surtout pas fouiller dans mes poubelles –, ils ont largué.

PRIME TIME

Saint-Brieuc, 2 juillet 1995 – Je ris comme un fou, excusez-moi. Ce que je trouve drôle ? La pluie. Il pleut, c'est épouvantable ! Un de ces longs orages de bord de mer chargé de toute l'eau du large. Il fait noir comme en plein hiver. Des bourrasques à déraciner les arbres. Une trombe d'eau. J'arrive à l'instant du circuit, on dirait que j'arrive du Canada à la nage.

C'est la première fois qu'on court le prologue si tard. Les coureurs ne voulaient pas. « À cette heure-là, je suis couché », bougonnait Indurain. Mais ils ont dû s'incliner devant la sacro-sainte télé. C'est la télé qui mène le Tour, comme elle mène les Olympiques, le tennis et le reste. Le prime time, mon vieux. Depuis une semaine, on ne parle dans les journaux français que de ce prologue en prime time. On allait défoncer les cotes d'écoute des grands matchs de soccer. Les commanditaires seraient contents.

Les chambres de commerce bretonnes, les associations d'épiciers, les marchands de crêpes et les montreurs de menhirs jubilaient. Ils avaient payé très cher pour avoir le Tour, mais la France entière allait voir la Bretagne en prime time. Il faisait beau depuis quatre jours. Les Français qui n'imaginent pas la Bretagne autrement que sous la pluie allaient découvrir, en prime time, que la Bretagne c'est la Floride.

Quand les premiers coureurs se sont élancés, 300 000 Bretons se pressaient aux barrières. Deux heures plus tard, quand le Tour est entré en ondes, en prime time, donc, l'orage les avait chassés. Ils étaient rentrés chez eux, se faire des crêpes, se turluter le biniou. Les coureurs sont tout seuls dans la ville, et en passant dans les flaques, ils n'éclaboussent personne. C'est triste. Je ris comme un fou.

LE FIL ROUGE

Liège (Belgique), 9 juillet 1995 – J'ai finalement trouvé une chambre à 70 kilomètres de mon butin, à Huy.

Neuf heures du soir, pas soupé, pas capable d'envoyer mes textes, la prise de téléphone est fuckée, me voilà à genoux, à zigonner avec les petits fils dans le boîtier fixé au mur. Heureusement, le décalage est à mon avantage. Mais je dors quand ? Je mange où ? Le pire, c'est de conduire. Non. Le pire, c'est que j'ai l'impression que ce Tour de France est un cadeau qu'on croit me faire. Que mes boss se disent : « On peut bien lui passer ça. »

N'y va pas, me direz-vous.

Mais c'est que je veux y aller !

Ben d'abord, ferme ta gueule, ajouterez-vous.

S'il vous plaît, un peu de respect. Je suis plus vieux que vous, je suis fatigué, j'ai pas soupé, je zigonne avec le tournevis de mon couteau suisse dans le boîtier de la prise du téléphone et je ne sais plus où va le petit fil rouge, en haut ou en bas ? Vous savez, vous ?

MULTICULTURALISME

Saint-Étienne, 14 juillet 1995 – J'avais trouvé à me loger chez l'habitant à Allemont, quasiment sous la banderole qui annonçait aux coureurs qu'il leur restait 25 kilomètres. La dame du gîte n'a jamais voulu que je me plogue sur son téléphone pour envoyer mes textes. Gaston Savioux, responsable du bureau de tourisme d'Allemont, m'a offert d'utiliser son télécopieur. J'ai envoyé mes trucs. Après, on a pris un pot. Devinez d'où revenait Gaston ? Eh oui, du Canada. Ils y sont tous allés, ma grande foi du bon Dieu.

– Pis, le Canada, M. Gaston ?

M. Gaston s'est penché et, en baissant la voix comme pour me confier un secret ou un grand malheur :

– J'ai été malade ! Près des chutes Niagara, on est allés visiter le Village canadien d'antan. Et au restaurant du village, j'ai mangé du poulet antillais. Il était pas frais...

Je suis parti à rire. T'sais ce que c'est quand t'es fatigué. Rire, mais rire. Je m'excusais. Excusez-moi, M. Savioux. Et je repartais à rire comme un malade. Les larmes aux yeux et tout. Je me suis toujours demandé ce que ça pouvait bien être, le multiculturalisme, je le sais maintenant : une bactérie dans du poulet antillais pas frais au Village canadien d'antan.

L'OURS QUI A VU L'HOMME

Bordeaux, 21 juillet 1995 – Les Pyrénées sont en train de ressusciter la moins sympathique de leurs traditions : les montreurs d'ours. Comme il n'y a plus d'ours dans les Pyrénées, ils les font venir des Carpates. Hier soir, dans un petit village du Couserans (Ercé), Dimitri faisait danser son bestial bestiau. Dimitri, qui est Breton comme son nom ne l'indique pas, excitait l'agressivité des villageois en exagérant la férocité de la pauvre bête droguée et édentée : « Il pourrait vous ouvrir le ventre d'un coup de griffe. » Les villageois ont reculé, les enfants ont ramassé des pierres.

L'homme et sa fiancée aiment avoir peur. Voilà pourquoi ils font danser au bout d'une corde des ours qui « pourraient leur ouvrir le ventre d'un coup de griffe ». Et voilà pourquoi ils ne font pas danser les lapins et les coccinelles, qui dansent pourtant très bien la bossa-nova. J'en connais.

Ça n'a absolument rien à voir avec les ours, mais savez-vous la différence entre une mère porteuse et une mère portable ? La portable a des poignées.

LA GRAND-MESSE
Paris, 24 juillet 1995 – D'abord, j'ai vu les vélos. Des Colnagos, équipés tout Campagnolo, selle Italia. Ouais, pas des tout nus. Puis j'ai regardé les roues libres. Ouais, des moumounes ! Puis je les ai vus à la terrasse de ce café de Saint-Rémy-lès-Chevreuse. Quatre Parisiens. Trois commerçants et le fils de l'un d'eux. Quatre copains. Ils sont des milliers comme eux dans toute la France (et l'Italie, et la Belgique, etc.) à célébrer la même grand-messe à pédale du dimanche.

C'est Marcel qui choisit le parcours et le restaurant. Le programme pourrait se lire comme suit : la côte de Mont-flix, la forêt de Rambouillet, retour par la côte de Saint-Rémy, tagliatelles et ris de veau. Vers 11 h 30, alors qu'ils avaient déjà une centaine de kilomètres dans les jambes, dans la côte de Saint-Rémy justement, le gros Patrice a gueulé que c'était la dernière fois, que c'était des conneries tout ça. Marcel s'est laissé glisser à sa hauteur : « J'ai oublié de te dire, pour dessert, il y a des œufs à la neige avec des petites madeleines chaudes fourrées au miel... »

– Finalement, vous faites du sport pour engraisser, leur ai-je glissé perfidement.

– Tu devrais voir nos femmes ! Elles s'envoient le gueuleton tous les dimanches, mais elles, elles ne pédalent pas ! En parlant de nos femmes, elles devraient être là... Ah merde, les routes sont fermées ! On n'a pas pensé à ça. Le Tour de France. Ah merde. Elles doivent être bloquées à la porte de Saint-Cloud. Qu'est-ce qu'on fait ? On les attend ? Vous, le journaliste, vous avez le droit de passer, vous n'iriez pas nous les chercher à la Porte de Saint-Cloud ?

– Je les reconnaîtrais comment ?

– Trois grosses. C'est pas grave si c'est pas les nôtres, Mais des grosses. On est habitués aux grosses, hein, Marcel ?

LA VIE SUR TERRE

Vire, 8 juillet 1997 – Parlant de vélo, peu de temps après avoir annoncé sa retraite, Miguel Indurain passe devant un magasin de vélo à Pampelune. Le superbe Cannondale en vitrine est annoncé à un million de pesetas (environ 4000 $). Le grand Miguel n'en revient pas : « 4000 $! Pour un vélo ! »

« C'est fou, dira-t-il plus tard, j'ai couru toutes ces années, gagné tous ces Tours de France sans même savoir le prix d'un vélo. C'est cher ! »

Bon retour sur terre, Miguel.

GRANDS REPORTERS

Fribourg (Suisse), 24 juillet 1997 – Les 2000 journalistes qui couvrent le Tour de France empruntent le même parcours que les coureurs, mais avant les coureurs. Deux ou trois heures avant. Je ne sais pas si vous réalisez ce que je suis en train de vous dire : que les 2000 journalistes qui suivent le Tour de France racontent une course qu'ils ne voient absolument pas ?

Et ils ne voient pas non plus la France. Ils sont en mouvement dans une caravane qui est elle-même un monde en soi. La France regarde passer la caravane. Pas le contraire. Ils ne voient pas non plus les villes où le Tour fait étape. Ils n'en connaissent que les halls d'exposition, les centres de sport transformés en centres de presse. Mardi, j'ai fini de travailler à 21 h, c'était à Fribourg, mais mon hôtel était à Berne. J'ai quitté Berne mercredi matin à 7 h. Rien vu de Fribourg ni de Berne.

Mais vous avez raison, nous avons la chance de parler chaque jour au vainqueur de l'étape et au maillot jaune. Voici comment ça se passe. Le vainqueur est dans une roulotte quelque part. On le voit. Il nous voit. On lui pose des questions. Il nous répond. Mais il n'est pas dans le même lieu que nous. Bref, la technologie permettrait aux 2000 journalistes qui suivent le Tour de France de le couvrir pendant trois semaines à partir de Paris.

Ça s'en vient.

LE TOUR, ET RIEN D'AUTRE

Paris, 28 juillet 1997 – Le Tour de France est-il en train de tuer le vélo? La question paraîtra inopportune à un moment où l'auditoire du Tour n'a jamais été aussi grande, le public aussi nombreux sur le bord des routes et la course aussi animée et passionnante que cette année. Mais c'est justement ma question : cet énorme succès ne siphonne-t-il pas toutes les énergies, toutes les ressources d'un sport en perte de vitesse malgré les apparences? Le Tour qui enflamme juillet ne laisse-t-il pas que des cendres derrière lui?

Nous sommes arrivés sur les Champs-Élysées hier, le grand flafla, tout ça, mais sait-on qu'il n'y a plus un seul club amateur « top niveau » dans la région parisienne? L'ASPTT et l'US Créteil, deux clubs de grande tradition (qui ont formé Virenque, entre nombreux autres), ont fermé boutique au début de l'année, faute d'argent. En Belgique et en Hollande, où les routes sont devenues trop dangereuses pour s'entraîner, la situation est encore pire. L'Italie se convertit massivement au VTT. Reste l'Espagne, et tout nouvellement l'Allemagne, mais pour combien de temps ?

La formule « Tout pour le Tour » laisse exsangues les autres épreuves du calendrier. Le Tour de Suisse a été gagné en juin par un coureur médiocre (Agnolutto) qui a réussi à prendre 11 minutes à un peloton indifférent, venu seulement pour mouliner, une semaine avant le Tour. Encore le Tour. Même scandaleuse passivité au Midi-Libre et au Dauphiné. Cette remarque de l'organisateur du Dauphiné : « Le Midi-Libre sert de préparation au Dauphiné, qui est lui-même un camp d'entraînement pour le Tour. Mais nous, là-dedans ? On nous prend pour des cons ? »

Ajoutez à cela le désintérêt des leaders pour les classiques, une mode lancée par Indurain. La surmédiatisation du Tour incitant les « grands », Riis, Ullrich, Olano, Virenque, à axer leur saison sur le seul rendez-vous du Tour de France. Les sponsors se bousculent pour commanditer le Tour que l'on voit tous les jours à la télé, mais ils ne se bousculent pas du tout pour commanditer des équipes, et encore moins le sport lui-même. Résultat : le vélo crève un peu de faim...

Un espoir ? Peut-être, et du côté d'où on ne l'attendait pas. Le vélo-loisir est en train de faire la conquête de la France. La France ne connaissait que le vélo utilitaire et le vélo de course. Mais voilà que les grandes villes, Rouen, Bordeaux, Lyon, et même Paris, se mettent aux pistes cyclables. Voilà que se multiplient les randonnées populaires comme notre Tour de l'Île, voilà que les sentiers forestiers se doublent d'allées cyclables. Voilà que le goût de pédaler vient aux gens. Ça commence là, le vélo, non ?

TRAVAILLER, ÇA FATIGUE

Montluçon, 27 juillet 2001 – Le Belge Serge Baguet, vainqueur à Montluçon hier, avait arrêté de faire du vélo il y a trois ans.

— Pourquoi avez-vous arrêté, M. Baguet ?

— Parce que je n'avais plus le moral. Je trouvais que c'était un métier trop dur.

— Qu'avez-vous fait ?

— Je suis allé travailler.

— Et puis ?

— Et puis j'ai trouvé que travailler était encore plus dur que pédaler. Alors j'ai repris l'entraînement avec les copains, et voilà, trois ans après, je gagne une étape du Tour de France. C'est fantastique.

J'aimerais bien présenter cet aimable Belge, pour qu'il leur raconte son histoire, à quelques athlètes de ma connaissance, quelques délicats, quelques moumounes, quelques torturés, quelques indécis, quelques mécontents de leur sort d'athlète.

UN MÉCANO CHEZ LES FACTEURS

Melun, 7 juillet 2003 – À une époque où nous n'étions pas nombreux à triper vélo à Montréal, où les bonnes boutiques étaient rares, j'allais acheter mes sacoches, mes cartes, mes cuissards, mes pneus à... Ottawa, à la boutique Bikeway, tenue par des freaks de la pédale. J'y passais des heures dans un ravissement total. La boutique a fait faillite en 1996. Ian Brown, son propriétaire, organise maintenant des voyages de vélo, et son fils Geoff est un des quatre mécanos des facteurs de l'US Postal.

— Mais je ne suis pas le mécano de Lance Armstrong, s'empresse de souligner Geoff.

— Pourquoi ?

— Trop de trouble. On ne l'appelle pas Monsieur Millimètre pour rien. De toute façon, il a son mécano personnel, un Belge, pas question que quelqu'un d'autre touche à ses vélos.

— Combien en a-t-il ?

— Sept.

— Est-il aussi froid qu'on le dit ?

– Il est normal. Pas un mec à problèmes. Dès qu'il met le nez hors de la caravane, c'est la ruée, alors il se protège, mais il est correct.

– Paraît que c'est un job de fou, mécano dans une équipe du Tour : premiers levés, jamais couchés...

– C'était avant, ça. Maintenant, c'est plus relax. Je n'ai à m'occuper que de deux coureurs. Le Russe Ekimov et l'Espagnol Manuel Beltran. Des gars pas stressés, ni stressants. La belle vie, quoi.

– Le matériel, des cadres en alu ?

– Des Trek, tout carbone. Montés Shimano. Souvent des boyaux.

– C'est quoi, ton boulot, pendant la course ?

– Rien. Je dors. Je suis dans la deuxième voiture de l'équipe. Tu sais, US Postal, c'est pas compliqué. On n'a pas de sprinter, pas de baroudeur, on ne va pas dans les coups. Quand il y a des gars dangereux devant, on roule, sinon, on laisse faire. Il y a Lance, et huit coureurs à son service.

– Bien payé ?

– Comme ci comme ça.

– T'es pourtant dans une équipe très riche !

– Oui, mais il y en a un qui est parti avec le magot ! Écris pas ça !

(L'équipe US Postal et Berry Floor, l'autre commanditaire, un fabricant de planchers de bois, refusent de révéler le budget annuel de l'équipe, qui dépasserait les 12 millions US, ce qui inclut le salaire d'Armstrong, soit 4 millions. Des chiffres cités dans le magazine *Outside*.)

LA FRANCE D'EN BAS

Le Bourg-d'Oisans, 14 juillet 2003 – Quand il fait cette chaleur, les enfants sont collants. Celle-là, qui devait avoir cinq ans, tournait autour de ma tarte tatin comme une mouche.

– Candice, tu laisses le monsieur tranquille, autrement tu te prends une fessée.

— C'est une tarte à quoi ?

— Aux pommes, mais tu peux pas les voir, elles sont en dessous. T'en veux ?

Je suis arrivé dans l'Alpe d'Huez au début de l'après-midi. J'ai pas osé monter le Galibier avec ma Twingo, j'ai fait le détour par Grenoble. Il y avait grande agitation chez les gendarmes du Bourg-d'Oisans où commence la montée proprement dite. Le ministre des Sports et Jacques Rogge, le président du CIO, venaient d'arriver. On annonçait aussi la visite du groupe allemand Kraftwerk. La montée de l'Alpe d'Huez est devenue un événement mondain, où la poupoune tout droit sortie d'un paddock de Formule 1 triomphe au bras de quelque VIP. Pas moi. No poupoune. Sur le siège du passager de ma Twingo, une tarte tatin entière, c'est tout ce qui restait chez le traiteur, avec de la salade de carrottes, mais je déteste les carrottes. D'ailleurs, depuis que je suis tout petit, je fais exprès de ne pas savoir écrire « carrotte ».

— Candice, qu'est-ce que je t'ai dit ? Laisse le monsieur tranquille.

Elle est allée rejoindre son papa, qui jouait aux cartes sous l'auvent d'une autocaravane. Une télé à piles montrait les coureurs dans le Galibier. Ils viennent de Belfort. Là où j'étais, c'était tout français. La France d'en bas. Ils ne disent plus la France profonde, ils disent d'en bas. Eh bien, la France d'en bas était en haut hier, sur cette laide montagne de l'Alpe d'Huez.

— Dites, vous qui êtes journaliste, pensez-vous que Virenque peut gagner le Tour ?

Ce n'est pas la première fois que je l'observe, les Français (j'imagine que les Italiens et les Espagnols sont pareils) ne connaissent pas plus le vélo que la foule du Centre Bell connaît le hockey. Ils savent les noms, les numéros de dossard, ils ont le souvenir des exploits passés, mais la course ? Pas grand-chose. Sur la route, ils écrivent « Virenque » avec de la peinture, ils reprennent un verre de blanc, ils seront pompettes quand les coureurs passeront...

« C'est Ullrich ! Non, c'est Vinokourov », qu'ils viennent de dire à la télé. Les coureurs passent sur l'écran de la petite télé à piles en même temps que sur la route, juste devant. «Dépêche-toi, dépêche-toi, crie sa femme, les v'là. » « Reste là, je vais te voir à la télé », lui répond le bonhomme.

C'est pas parce que la France d'en bas va à la montagne qu'elle prend de l'élévation.

MARKETING
Carnaux, 19 juillet 2003 – L'équipe danoise CSC roule sur des vélos canadiens fabriqués par Cervélo. Excusez, pas fabriqués. Conçus par deux ingénieurs, Phil White et Gérard Vroomen, qui ont développé leurs premiers vélos dans un petit local de la rue Hôtel-de-Ville, à Montréal, en 1995. Ils ont, depuis, déménagé à Toronto, où ils sont toujours. Ils ne fabriquent pas leurs vélos comme Marinoni, par exemple, ou Devinci à Chicoutimi. Ils les dessinent, ils les pensent. Où les font-ils faire ? Je ne sais pas. Je leur ai demandé trois fois une entrevue avant de partir, pas de réponse. Je suppose qu'ils les font faire à Taiwan ou en Chine comme tout le monde.

Au départ, ils concevaient surtout des vélos de triathlon. Puis ils sont passés au vélo de route, et tout spécialement à ces machines intergalactiques que sont les vélos de contre-la-montre. Je crois que le vélo de contre-la-montre de Lyne Bessette est un Cervélo, comme celui d'Eric Wohlberg, le spécialiste canadien du contre-la-montre. Je crois qu'ils sont commandités par Cervélo pour rouler sur Cervélo. Les Cervélo sont vendus un peu partout dans le monde, aux États-Unis, en Allemagne… Pour la région montréalaise, le seul distributeur Cervélo à ma connaissance : Beausoleil, à LeMoyne.

L'histoire raconte que le directeur technique de l'équipe CSC, Bjarne Riis, vainqueur d'un Tour de France, maniaque de mécanique comme Lance Armstrong peut l'être, serait tombé en amour avec les vélos Cervélo. La première fois qu'il en a vu un, il aurait dit : « Wouah, j'en veux pour mes coureurs ! » Ce qui l'aurait particulièrement séduit dans le Cervélo : l'aérodynamisme des tubes du cadre. Une grande nouveauté.

Faudrait pas nous prendre pour des valises. C'est pas comme ça que ça se passe. Les équipes ne choisissent pas un vélo, ils ne disent pas on veut du Trek, on veut du Colnago, du Pinarello, du Look, du Cervélo. Les équipes choisissent un commanditaire. Cela coûte très cher à Trek pour qu'Armstrong et ses boys roulent sur des vélos Trek. Si Look avait soumissionné plus haut, quatre millions de plus, par exemple, pouvez être certains que les US Postal rouleraient sur du Look. Vous me suivez ? Alors Riis qui découvre Cervélo et fait « wouah ! j'en veux », c'est du marketing pour les gogos.

Il arrive même que des coureurs, maniaques de leur matériel, Armstrong, par exemple – je ne dis pas que c'est le cas, ce sont là de grands secrets –, il arrive que des coureurs, disais-je, roulent sur des vélos fabriqués par leurs artisans préférés, italiens généralement. Des vélos artisanaux, donc, repeints aux couleurs du commanditaire ; c'est écrit Trek sur le cadre, mais ce n'est pas un Trek, c'est pas un Bianchi, et c'est sûrement pas un Decathlon (qui commandite Cofidis), l'enseigne d'une chaîne de magasins de sport grand public comme Sports Experts chez nous. Si Sports Experts était assez malade pour donner 10 millions à US Postal, Armstrong roulerait l'an prochain sur un vélo Sports Experts, qui n'en serait évidemment pas un.

Vous me suivez ? Ne vous achetez pas un vélo parce que c'est celui de Tyler Hamilton. D'ailleurs, il a changé. Il roule maintenant BMC.

TOUR 101

SUR QUOI ROULENT-ILS ?

San Sebastian, 5 juillet 1992 et 9 juillet 1993 – Pour les contre-la-montre, les coureurs sortent leur vélos de science-fiction... Roues à quatre rayons, on dit « à bâtons », plus petites à l'avant, roues pleines ou zipp (un quart pleine) à l'arrière. Cadre plongeant, selles avec « appui » comme les sièges de bébé, pour pousser avec les fesses et, bien sûr, guidons de triathlète pour appuyer les avant-bras et tirer plus fort...

Fignon et Bugno roulent sur du Bianchi. Comme Cipollini... Bauer roule sur du Eddy Merckx, LeMond sur du LeMond, et Indurain sur un vélo spécial à l'équipe Banesto. Mais cela ne veut pas dire grand-chose. Ce n'est pas parce que c'est écrit Colnago sur un vélo que c'en est un ! Souvent les coureurs se font faire des cadres en cachette par un petit artisan, de préférence italien, par exemple Ugo De Rosa, le pape du cadre, ou Lupo, ou Picchio, ou Pogliaghi... Ensuite, ils maquillent ce cadre très personnalisé aux couleurs du constructeur qui commandite leur équipe, Colnago, Bianchi, Merckx, MBK...

Et voilà comment se font baiser les nonos qui achètent du Bianchi parce que c'est le vélo de Bugno et de Cipollini...

Incidemment, les coureurs roulent encore « acier ». Très peu de cadres en titane. Et pas du tout en aluminium, si populaire (Trek, Cannondale) chez les yuppies à pédales nord-américains.

Pneus ou boyaux ? Les deux, égal. Bugno, Chiappucci, Bauer, sur pneus. Indurain, Zülle, Cipollini, Rominger, sur boyaux. Dans les contre-la-montre, tout le monde sur boyaux.

Pour la quincaillerie (dérailleurs, pédales, etc.), retour en force de Mavic (français) avec son gadget Zap, le dérailleur « intelligent » à microprocesseur intégré qui tient compte de la pente, du vent et de l'âge du coureur pour changer les vitesses au millième de seconde.

Note C'était en 1992. Depuis, le carbone et l'alu ont gagné leur bataille contre l'acier.

STEVE BAUER, 116e

Bordeaux, 8 juillet 1992 – J'entends d'ici les bulletins de sport à la radio et à la télé : « Bauer n'a pas très bien couru hier, il a terminé 116e. » Ça m'énerve, mais ça m'énerve ! Les soi-disant journalistes sportifs qui livrent ces bulletins devraient essayer de comprendre ce qu'ils racontent dans leur foutu micro.

Dans une arrivée massive, la place, derrière les sprinters qui disputent la victoire, n'a aucune signification. Être 23e ou 116e, c'est exactement la même chose. Bauer n'a pas essayé de finir 50e. Il était en queue de peloton, c'est tout. Ça n'a aucune espèce d'importance. Tous sont classés dans le même temps. Il faut dire : « Hier, Bauer a terminé dans le peloton avec les favoris. » Ou encore, « dans un second peloton à deux minutes du premier ». C'est le temps qui compte.

Bien sûr, dans les contre-la-montre et les étapes de montagne, le rang prend toute sa signification. Comme au classement cumulatif. Au cumulatif, Bauer est 14e à sept minutes de Pascal Lino, et à 41 secondes d'Indurain. C'est si difficile que ça à comprendre ? Ou vous êtes particulièrement nuls, chers collègues ?

CONTRE-LA-MONTRE PAR ÉQUIPES

Libourne, 8 juillet 1992 – Les équipes partent de cinq minutes en cinq minutes. Une équipe complète, c'est neuf coureurs, et le temps des équipes est calculé sur le temps du 5e coureur à franchir la ligne. Vous me suivez ? Une course très technique. L'ordre et la longueur des relais, le dosage de l'effort, tous les détails doivent être réglés au quart de poil.

Pour les coureurs « moyens », une étape épouvantable. La peur de ne pas être à la hauteur. D'être largué par sa propre équipe comme une vieille chaussette. Une des étapes les plus redoutées des coureurs. Et des journalistes, donc ! Rien à voir, rien à raconter. Un exercice soporifique. D'une grande vérité athlétique cependant.

PAS ENCORE DU SPAGHETTI !

Libourne, 9 juillet 1992 – Qu'est-ce ça mange en été des coureurs du Tour de France ? Du spaghetti le matin. Du spaghetti le midi. Du spaghetti le soir. Sont tellement écœurés qu'ils essaient toutes sortes d'autres trucs plus ou moins gluants comme le muesli, une spécialité suisse introduite dans le peloton par les granoles américains (Hampsten, entre autres).

« Ce que j'ai pris ce matin ? » s'interroge Philipot, un coureur français de la Banesto. « Attendez que j'y pense… Du riz, de la viande hachée avec deux œufs dessus et du fromage avec du sucre. » Les coureurs ont le bec très sucré en général. Des confitures, beaucoup de miel, souvent mélangé au riz, des fruits évidemment. Quand on ne les surveille pas, ils ne reculent pas devant une pointe de pizza, des frites et du café en masse, pas du tout décaféiné, au contraire !

DRÔLE DE SPRINT

Luxembourg, 13 juillet 1992 – J'imagine parfois l'ahurissement des gens peu familiers avec le vélo. Tiens, prenons l'exemple du final de Coblence. Quatre échappés, un Belge, un Danois, un Italien, un Espagnol. Reste un kilomètre et demi. Le Belge attaque, prend 50 mètres. Derrière, les trois autres se regardent. Sont presque arrêtés. Pourquoi ne courent-ils pas après le Belge ?

Parce que celui des trois qui va faire l'effort de courir après ne gagnera pas l'étape c'est sûr, c'est réglé, c'est officiel. Il va se faire fusiller par les deux autres qui seront revenus dans sa roue. Sauf que s'ils continuent de se regarder sans bouger, le Belge ne sera jamais rejoint. C'est à ce jeu de cons qu'ils se sont amusés. « Après vous », disait l'Italien au Danois. « Je n'en ferai rien », répondait le Danois. L'Espagnol montrait ses jambes, en grimaçant, il s'excusait, il était très fatigué. Les trois bluffaient. Les trois croyaient qu'un des deux autres céderait à la panique devant l'écart qui se creusait...

Et finalement ils se sont fait baiser. C'est une vieille histoire. Trois larrons se disputaient un butin. Vint un quatrième qui s'enfuit avec.

C'est le paradoxe du sprint : c'est souvent le deuxième qui passe la ligne en premier.

C'EST MARDI, SORS LES VIDANGES

Thann, 15 juillet 1992 – Des gens qui regardent le Tour à la télé ont appelé à *La Presse* : demandez donc à Foglia de nous dire ce que Bauer et les coureurs de Motorola ont dans l'oreille ?

Ciel ! Quelque chose dans l'oreille, dites-vous ? Serait-ce une branche de persil ? Une banane ? Un Q-tip ?… Ben oui, un écouteur ! Relié par un fil à un tout petit récepteur que le coureur range dans la poche arrière de son maillot. Leur directeur technique peut ainsi renseigner le coureur sur l'écart des échappées, sur les difficultés qui s'en viennent, élaborer une stratégie, ou lui dire que c'est mardi, et de ne pas oublier de sortir les vidanges. Deux des coureurs de l'équipe ont aussi un petit micro sur leur guidon, ce qui leur permet de communiquer avec leur coach. Motorola est la seule équipe à utiliser ce système... pour l'excellente raison que ce système est fabriqué par Motorola.

Voilà. Vous savez tout. Maintenant, si par hasard, à la télé, vous voyez un coureur avec un petit balai dans le cul, n'appelez pas à *La Presse*. Je vais vous le dire tout de suite. C'est pour enlever les petits cailloux sur la roue arrière, et éviter ainsi les crevaisons. L'information tout de même, quelle grande chose.

Note C'était donc en 1992. Dès l'année suivante, toutes les équipes adoptaient l'oreillette, ainsi fut nommée la chose, et aujourd'hui pas un coureur, même amateur, ne prend le départ sans être plogué à la voiture de son directeur technique. Cela pourrait changer très bientôt, pour des raisons de sécurité mais aussi pour revenir à des courses plus instinctives. L'Union cycliste internationale parle d'interdire l'oreillette.

LE VAUTOUR

La Bourboule, 22 juillet 1992 – La voiture-balai suit l'ambulance qui, elle-même, suit le dernier coureur qui, lui-même, ne suit personne. C'est bien ça son problème, d'ailleurs. Trente, quarante minutes derrière le peloton, il est condamné.

« Il sait, ce dernier coureur en difficulté, que la voiture-balai est dans sa roue. Il se retourne. Parfois il se rebelle, nous fait un bras d'honneur. Parfois je me sens comme un vautour », nous dit René Guillemin, qui conduit le corbillard du Tour depuis 12 ans.

Une année terrible. Déjà 67 abandons (pour une trentaine l'an dernier). Comment cela se passe ?

– Très simplement. Le coureur s'arrête et monte dans notre bus.

– Et le vélo ?

– Ramassé par une voiture spéciale.

– Qu'est-ce qu'ils disent en montant?

– En général, rien. On leur passe une couverture. On leur fait un café, du thé. Quelques-uns pleurent silencieusement. On le devine. On regarde ailleurs.

– Steve Bauer?

– Il n'a pas pris la voiture-balai. Comme LeMond, il a attendu le ravitaillement pour monter dans la voiture de son directeur technique. Ils ont le droit maintenant. Mais au ravitaillement seulement. On l'a suivi longtemps et on a bien cru qu'il ne se rendrait pas. C'est un dur, votre Bauer. Un de ceux qui continuent quand c'est fini. On se demande comment.

Je sais, moi, comment. Quand l'esprit abdique, le corps continue.

LA CAROTTE ET LE GROS BÂTON

La Bourboule, 22 juillet 1992 – Pour la première fois depuis sa création, le Tour dépassera la barrière psychologique des 40 km/h de moyenne générale. L'amélioration du matériel? L'amélioration des routes? L'entraînement? La préparation? Un peu tout ça. Et quelque chose de plus: les commanditaires qui bottent le cul des coureurs.

Lundi, après les dures étapes alpestres du week-end, une loi non écrite du peloton commandait aux coureurs de rester tranquilles pendant au moins 100 kilomètres. Or, trois kilomètres après le départ du Bourg-d'Oisans, le Danois Per Pedersen a attaqué et a bientôt été rejoint par une quinzaine de coureurs. Et la course s'emballait à nouveau. Il y a quelques années, le patron du peloton, un Merckx, un Hinault, serait allé tirer les oreilles du fugueur: « Fais pas chier, petit, la course commence dans 100 kilomètres. D'ici là, tu fais comme tout le monde, tu dors. »

Le vrai patron maintenant, c'est le commanditaire. L'ordre donné le matin ne souffre aucune discussion: « Aujourd'hui, les p'tits gars, j'aimerais voir votre maillot (avec mon nom dessus) à la télé. » Alors les petits gars attaquent de bonne heure. Pas pour gagner l'étape. Pour montrer leur maillot à l'effigie du commanditaire. Comme Pedersen lundi. Comme les Panasonic et les TVM hier matin. Ils attaquent avant que la course soit dure. C'est plus sûr. Ils prennent une minute ou deux. Ils montrent le maillot Amaya qu'on n'a pas vu depuis Paris. Leur vélo Bianchi. Leur selle Cinelli.

Entre eux, ils ne disent pas qu'ils ont essayé de s'échapper. Ils disent qu'ils sont « allés faire une pub »! Pedersen est allé faire une pub. Le peloton a réagi parce que d'autres coureurs voulaient aussi aller faire des pubs. C'est comme ça que, de pub en pub, la course n'a connu aucun répit. C'est comme ça que les moyennes augmentent. Que le rythme devient infernal. Ben oui, c'est comme ça aussi que les coureurs se dopent : pour pouvoir suivre.

Note Finalement, la barrière des 40 km/h n'a pas été franchie au Tour de 1992 (39,504 km/h). Seulement en 2001, lors du troisième triomphe de Lance Armstrong (40,276 km/h).

VÉLO 101
Lannion, 3 juillet 1995 – Expliquez à des Bulgares ce qu'est un amorti sacrifice. C'est comme ça que je me sens quand vous me demandez des trucs tellement élémentaires sur le vélo que les bras me tombent. Chaque été, le grand dilemme. Comment raconter la course à des lecteurs complètement profanes? Et est-ce bien nécessaire?

Un petit mot de cinq lettres empêche le profane d'entrer dans le monde du vélo : TIRER. Le sésame ouvre-toi du peloton. Au lieu de tirer, on dit aussi, et cela explique tout : travailler. Le profane ne soupçonne pas l'énorme différence entre tirer, et rouler dans la roue de celui qui tire. Le profane sur le bord de la route dira, après le passage des coureurs : Untel était premier, sans comprendre que c'était un rôle, et pas un rang. Bref, le profane m'emmerde, et c'est pourquoi je le prie de quitter cette chronique et de retourner à ses amortis sacrifices. Je l'en remercie d'avance.

UN PEU DE BEURRE

Bordeaux, 21 juillet 1995 – Plus classique que ça... Si c'était du baseball, l'étape d'hier se serait terminée 1 à 0 à la 13e manche, après un duel de lanceurs.

Deux cent quarante-six kilomètres sur le plat, une chaleur à crever. Ont roulé comme des touristes. Il restait 80 kilomètres quand Thierry Marie est parti sur la pointe des pieds, comme le gars qui quitte sa maîtresse à trois heures du matin, ses souliers à la main... Il a pris deux minutes au peloton qui dormait profond.

Avec 25 kilomètres à faire, Marie était toujours devant, toujours ses modestes 2 petites minutes. L'instant critique. Si seulement le peloton pouvait dormir encore une dizaine de kilomètres... Pas une chance sur un million ! Le directeur technique des Telekom a donné le signal d'embrayer. Les deux minutes de Marie n'étaient qu'un tout petit morceau de beurre dans la poêle sur une cuisinière éteinte. Dès qu'elle a été allumée...

L'Allemand Erik Zabel a gagné, facile. Pauvre Abdou, ils vont le renvoyer chez lui, en Ouzbékistan, où il vieillira en donnant des autographes à des gamins qui ne lui en demanderont pas.

L'ARME ABSOLUE

Rouen, 6 juillet 1997 – Est-ce encore un vélo ? Les commissaires étaient perplexes hier en examinant les vélos de contre-la-montre de Boardman, Zülle et Rominger. Et si ce n'est plus un vélo, qu'est-ce que c'est ? L'arme absolue ?

Pour les Pinarello de Riis, Ullrich et Olano, les commissaires du Tour ont décidé que c'était trop. Trop quoi ? Ce n'est pas clair. Riis, Ullrich et Olano ont dû changer de monture. Exactement les mêmes, en fait, mais pas carénées. Vous savez ce qu'est un carénage ? Moi non plus. Si je le savais, je couvrirais les Grands Prix automobiles, pas le Tour de France.

Cela dit, j'ai vu aussi deux ou trois coureurs, des pas connus, des obscurs, prendre le départ avec leur vélo de tous les jours, des vélos de facteur ou presque. Pas de roue lenticulaire, pas de casque profilé, on avait envie de leur serrer la main comme aux copains le dimanche matin quand il viennent rouler. Salut les gars, on se prend un petit café avant d'y aller ?

EMPLOI DU TEMPS

Vire, 8 juillet 1997 – Comparons l'emploi du temps d'un pilote de Formule 1, par exemple, qui court un Grand Prix aux deux semaines, et l'emploi du temps d'un coureur du Tour de France, disons le Canadien Gordon Fraser. Réveil à 7 h 30. Petit-déjeuner à 7 h 45. À 8 h 30, Gordon fait sa valise. À 9 h 15, conférence avec le directeur technique : on discute tactique, qui fera quoi dans la course. À 9 h 30, Gordon quitte l'hôtel pour le lieu de départ. À 10 h, il signe la feuille de départ sur le podium où les coureurs sont présentés au public. À 11 h, c'est parti pour 267 kilomètres. À 17 h 30, c'est fini. À 19 h 30, souper en équipe. Et à 22 h 30, dodo. Demain, on recommence. Après-demain aussi. Vingt et un jours comme ça. Salaire : beaucoup moins de 100 000 $ par année.

À CŒUR OUVERT

Plumelec, 9 juillet 1997 – Le peloton passe une petite bosse. Conversation à cœur ouvert entre deux coureurs :
- Comment t'es ?
- Un peu dans le rouge à 182. Toi ?
- Moi, bien. 165.

Tous greffés du cœur. Tous l'œil sur leur moniteur cardiaque – on dit cardiofréquencemètre – intégré à leur compteur de vitesse. L'autre soir, je croise Yvon Sanquer, le directeur technique de Fraser.

163

– Comment va Gordon ? que je lui demande.

– C'est justement ce que je m'en vais voir, me répond-il. Vous pouvez m'accompagner si vous voulez.

Je pensais qu'on allait monter à la chambre de Gordon, mais non, on se dirige vers le camion où les mécanos préparent les vélos du lendemain. Sanquer ôte le compteur du vélo de Gordon, le branche sur un mini-écran témoin, à peu près de la taille d'une zappette de télé, et fait défiler le graphique des six heures de course de Gordon. Six heures de pulsions.

Après l'étape, les directeurs techniques relèvent les compteurs comme le gars de l'Hydro relève le vôtre sans même entrer dans votre maison. Comment va Gordon ? Pas besoin de le lui demander, c'est là, sur le graphique. Magique et terrifiant. Bientôt on inventera l'encéphalofréquencemètre, qui enregistrera les pensées des coureurs pour mesurer leur moral. Et pourquoi pas leur morale.

UNE HISTOIRE TRISTE

Perpignan, 17 juillet 1997 – Le grand patron de l'équipe Polti est M. Franco Polti, un fabricant italien d'appareils électroménagers. Fou de sport, M. Polti a beaucoup investi dans une équipe de basketball et dans le vélo. Il y a quelques jours, M. Polti a été arrêté à Turin, pour fraude.

Le leader de l'équipe Polti, c'est Luc Leblanc. Fantasque, tordu, moumoune, parano, chiant, cela ne m'étonnerait pas que sa femme soit une ancienne nageuse synchronisée. En plus, il est en forme une année sur trois. Et c'est pas cette année.

Pour se remonter le moral, les autres coureurs de l'équipe, les Guerini, Valoti, Brasi, De Vries, se sont dit que ce serait drôlement bien de gagner une étape. Au petit-déjeuner, hier matin, ils ont tous regardé Serguei Outschakov, un Ukrainien de Bergame, le baroudeur de l'équipe, gros rouleur, vite et rusé dans le final. Il y a deux ans, il avait servi toute une leçon de vélo à Armstrong. J'étais là, c'était de toute beauté.

— Allez Serguei, lui ont dit ses copains, allez, on a bien besoin d'une victoire...

Une course venteuse avec des bordures, il fallait faire attention aux cassures, rester aux aguets et surtout ne pas se brûler dans des échappées sans issue. Outschakov est parti en contre à 10 kilomètres de Perpignan, juste comme le peloton revenait sur deux Américains. Sentant la bonne affaire, Laurent Desbiens et un Italien ont rejoint l'Ukrainien, et vogue la galère.

Les équipes de sprinters chiquant la guenille en tête du peloton, les trois ont pris une minute et l'ont gardée jusqu'à l'avenue du Palais, à Perpignan, où était jugée l'arrivée. L'Italien a démarré de loin. Sa seule chance. Outschakov l'a recollé facile, Desbiens dans sa roue. Outschakov était lancé. Desbiens le remontait sur la gauche, à la barrière. Passerait-il ? Outschakov s'est légèrement déporté, Desbiens a hésité, l'Ukrainien l'a emporté.

L'insupportable commentateur de France 2 s'est mis aussitôt à crier au vol : « Les commissaires doivent déclasser Outschakov. Il a tassé Laurent Desbiens. » Depuis hier, depuis que Virenque s'est fait planter par Ullrich, les Français ont l'œil chagrin et la gueule de travers. Oui, c'est vrai, le petit Desbiens s'est fait légèrement tasser par Outschakov. Mais s'il avait été le plus rapide, il aurait passé, il avait la place.

Les commissaires ont déclassé Outschakov. L'Ukrainien, encore tout à sa joie d'avoir gagné, était en train de raconter (en italien) combien ses copains de Polti étaient contents après tous ces fichus problèmes... Quand on lui a appris qu'il était déclassé, il s'est mis à pleurer.

Sur le podium, le petit Desbiens, peut-être le plus gentil garçon du peloton, n'osait pas triompher. Il savait bien qu'il n'y avait pas de quoi.

UN SPRINT

7 juillet 1999 – Encore Tom Steels. Une deuxième étape de suite pour le petit taureau belge. Que met-il donc sur ses toasts ? Rien que les autres ne mettent aussi. Probablement de la trinitrine, le vasodilatateur à la mode. En plus des hormones pour se faire des cuisses et des mollets. Les sprinters ont les mollets parfois si noueux qu'ils ne peuvent pas installer de porte-bidon sur le tube central, car ils se blesseraient le mollet dessus. Ce n'est pas une exagération ; c'est le cas, entre autres, du jeune Français Jimmy Casper, sixième hier à Laval.

Dans ce genre d'étape, le sprinter, qu'on n'a pas vu de la journée, commence à remonter en tête du peloton à 15 kilomètres de l'arrivée. Ses équipiers et ceux des autres sprinters ont déjà pris les commandes, fouette cocher à 55 km/h. Personne ne sort.

Il reste cinq kilomètres et le sprinter s'apprête à commencer sa journée de travail. Reste deux kilomètres, les « lanceurs » entrent en scène. Tom Steels a deux lanceurs, deux Italiens : Davide Bramati, qui s'écartera à la flamme rouge, et Gianni Farasin.

Reste 300 mètres. Farasin s'écarte à son tour. Maintenant ! Steels jaillit.

LE CONTRE-LA-MONTRE

11 juillet 1999 – Qu'est-ce qu'un contre-la-montre, M. le journaliste de la pédale ?

Mon premier élan serait de répondre : qu'est-ce que cela peut bien vous foutre ? Mais ma serviabilité revient aussitôt au galop – tagadam, tagadam, tagadam (c'est le galop de ma serviabilité) –, et me voici, telle la boussole à l'avant du bateau qui montre le chemin au marin égaré sur les flots. Olé. (C'était un marin espagnol.)

Le contre-la-montre est une épreuve, et le mot est à prendre ici dans son sens premier d'affliction. Le contre-la-montre est une épreuve comme le cancer du côlon en est une aussi, et comme lui, doit se vaincre seul ; les copains ne peuvent rien pour vous, comme d'habitude, mais je veux dire que cette fois-ci, ils voudraient vous aider qu'ils ne le pourraient pas. Seuls les plus forts survivent au contre-la-montre. Incidemment, les contre-la-montre se disputent souvent dans des villes qui ressemblent à un début de maladie. Aujourd'hui, Metz.

LES BRAQUETS

Grenoble, 19 juillet 2001 – Les cyclos – j'en suis un – sont souvent des obsédés du braquet. Sur quoi les coureurs du Tour ont-ils monté l'Alpe d'Huez ? Ah. Dans *L'Équipe*, vous pouviez lire qu'Armstrong a monté l'Alpe d'Huez sur la 39 x 21. Le même jour, dans *La Presse,* je disais que c'était plutôt sur la 39 x 23. Je tiens la précision de Johan Bruyneel lui-même, directeur sportif d'Armstrong. Ma question était : s'est-il servi de sa 23 ? La réponse : presque tout le temps.

Cela dit, ces histoires de braquets font hausser les épaules des coureurs. Ils vous regardent avec un petit sourire : « On met le braquet qui convient, ça dépend comment on est ce jour-là... » Cela dit encore, ce n'est pas le braquet qui étonne le plus chez Armstrong, c'est la cadence supérieure à 95 coups de pédale par minute dans les pentes les plus sévères, et aussi cette façon de faire toutes les ascensions en danseuse comme s'il ne pesait pas 70 kilos. Un style qui n'a rien d'échevelé ni d'inspiré, à la Pantani, par exemple. Tout au contraire, un style soigneusement travaillé à l'entraînement, un style qui n'a pu être développé que par perfectionnisme maniaque.

LA GICLETTE

Nevers, 11 juillet 2003 – Encore Petacchi. Cela devient monotone.

Je n'ai jamais aimé les sprinters. C'est pas ma race. Leurs muscles n'ont pas les mêmes fibres que les nôtres, ils mettent du gel dans leurs cheveux, des perles dans leurs oreilles, ils écoutent du techno, et si c'étaient des filles, ils joueraient au volleyball de plage. Les sprinters sont des Formule 1. Quand ils arrêtent le vélo, ils s'achètent une Ferrari.

C'est sexuel, leur truc, un coup de rein. Des bêtes de sexe. Dans le jargon du vélo, on dit qu'il ont de la giclette, de gicler, éjaculer. La technique, la technique, arrête de me faire rire avec la technique des sprinters. À cinq kilomètres de l'arrivée, OK, la technique de se placer. Mais expliquez-moi encore : il reste 50 mètres, ils sont cinq lancés à 80 km/h, quelle technique au juste ? La technique, c'est la giclette.

Avez-vous vu gicler Petacchi derrière les Français qui emmenaient Baden Cooke ? Un coup de rein, c'est tout. Ce gars-là a une giclette que les autres n'ont pas. Quand j'étais à l'armée, il y avait un gars qui éjaculait si loin qu'on venait des autres chambrées pour le voir faire. Il s'appelait Petacchi, c'était son grand-père. Non, c'est pas vrai. Je ne me souviens plus de son nom.

Ce que je voulais dire, c'est que les sprinters sont tous des cons. Tout dans la queue, rien dans la tête. La preuve : ils mettent du gel dessus.

LA MONTAGNE

UN PETIT CALVA ?

Pau, 7 juillet 1992 – J'étais arrivé tôt à Laruns avec l'idée de monter l'Aubisque. Mais on ne voyait pas à 20 pieds. J'attendais au café du village que la brume se lève.

– Vous venez du Canada pour monter l'Aubisque à vélo ?

– Oui, mais il fait trop mauvais. Redonnez-moi un café.

– Vous avez quel âge ?

– Je suis vieux...

– C'est quand même extraodinaire, des cyclistes de partout, même des Néo-Zélandais et des Canadiens viennent ici pour monter l'Aubisque. Ils rentrent chez eux et disent à tout le monde : j'ai monté l'Aubisque. Mais pas les coureurs du Tour de France ! Pas cette année ! Vous comprenez ça, vous ?

Les montagnards sont fâchés. Les coureurs ont tourné le dos à l'Aubisque pour filer sur Pau par le col de Marie-Blanque.

– Marie-Blanque, c'est pas un col, monsieur. Marie-Blanque, c'est une colline...

Il déconne, le bistrot. J'ai monté Marie-Blanque l'automne dernier avec ma fiancée. C'est pas du tout une colline. La mauvaise humeur du bistrot, c'est pour la limonade et les sandwichs. Ça vend beaucoup de limonade, le Tour de France. Deux mille suiveurs, sans compter les touristes. Ça remplit les hôtels, ça vide les épiceries.

– Ils viennent de passer quatre jours en Espagne et ils se sauvent en Belgique ? C'est ça, l'Europe ? Je vous sers un petit calva avec votre café ?

MAL DE TÊTE

Thann, 15 juillet 1992 – J'ai bifurqué par des petites routes de silence. Le silence est le meilleur remède contre le mal de tête. Méfiez-vous du vin de la Moselle. Ils mettent du sucre dedans, et le sucre dans le vin blanc, ça donne mal à la tête. C'était le 14 juillet en plus. Sur les places des petits villages, des maires d'opérette, ceints de leur écharpe, racontaient n'importe quoi à des badauds qui n'écoutaient pas. J'ai fini par arriver à Willer-sur-Thur, au pied du Grand Ballon d'Alsace, le col de première catégorie qui terminera, ou presque, l'étape marathon de demain.

Quatorze kilomètres exactement, du restaurant en bas (l'auberge du Cheval Blanc) au restaurant en haut. Ce n'est pas une montagne comme je les aime. Des méchants raidillons tout droits qui arrachent le cœur. Mais bon, en haut, je n'avais plus mal à la tête.

J'avais mal partout.

SEUL EN TÊTE

Sestrières (Italie), 19 juillet 1992 – La montagne prend son pied, si j'ose dire, dans le village même de Saint-Jean-de-Maurienne, devant l'hôtel de l'Europe où j'ai passé la nuit. La pente, en plein soleil, est tout de suite assassine. À la limite de ce que je suis capable de pédaler. Quatre kilomètres plus haut, une pancarte : col de la Croix-de-Fer, 26 kilomètres. Fuck. Je n'y arriverai jamais.

J'aime la montagne. Les alpages. Les routes qui s'élèvent en corniche au-dessus de la dernière maison des villages. J'aime les chardons bleus, les anémones jaunes au pied des granges croulantes. J'aime la montagne, c'est la première raison. La seconde raison est complètement idiote : je veux monter les grands cols du Tour de France. Et la Croix-de-Fer est un des plus grands, un des plus durs.

Comment vous expliquer ? C'est comme si, un soir, vous louiez le Forum pour vous tout seul. Vous prenez la rondelle derrière votre filet, vous traversez la patinoire au ralenti, vous déjouez les deux joueurs de défense avec la même feinte que Mario Lemieux la veille. Sauf qu'il n'y a pas de joueurs de défense. Vous attirez le gardien et vous comptez d'un tir précis dans le haut du filet. Sauf qu'il n'y a pas de gardien.

Hier matin, je me suis loué la Croix-de-Fer. Dans le faux-plat qui précède le village de Saint-Sorlin, une pancarte : Col de la Croix-de-Fer, six kilomètres. La pente redevient vite un mur après Saint-Sorlin. En levant la tête je pouvais voir la passe, tout là-haut, entre deux mamelons de schiste. J'ai rejoint un petit peloton d'une dizaine de cyclos hollandais. Je suis resté avec eux jusqu'au sommet, que j'ai passé seul en tête comme Gino Bartali en 1948. Comme Fausto Coppi en 1952.

Selon le journal local, qui consacre deux pages à la chose, la veille du passage du Tour, 500 cyclistes passent le col de la Croix-de-Fer. Seuls en tête, bien sûr.

L'ALPE D'HUEZ

L'Alpe d'Huez, 20 juillet 1992 – Il est midi et la montagne saucissonne joyeusement. On sort des glacières les petits vins du pays. Les chiens courent après les enfants, les dames laissent pendre les bretelles de leur bikini. Fait chaud. Le soleil tape fort. Le Pernod aussi.

La route est fermée depuis le matin, une foule bigarrée monte à pied et à vélo. Ils sont Français, Belges, Allemands, Basques. Ils sont surtout Hollandais. Ils peignent sur la route des encouragements en batave à Wijnans, Pieters, Manders, les derniers du classement ; ils en auront bien besoin. Mais ils sont aussi Californiens. Au virage 14 (les virages de la montée vers l'Alpe d'Huez sont numérotés, il y en a 21), trois gars et trois filles de Monterey. Sont montés en vélo eux aussi. Ils n'en reviennent pas : « Man, ça roule ici ! Fabulous ! » Ils ont peint sur la route un immense « Go Greg », un peu

dérisoire puisque LeMond a abandonné à 100 kilomètres d'ici.

LES MORTS-VIVANTS

Isola, 16 juillet 1993 – Je suis allé attendre les attardés sur
le toit du Tour, en haut du col de la Bonette. Après les mé-
lèzes, après l'herbe rase des alpages, on débouche parmi les
éboulis de pierres, dans un cirque immense, d'une beauté
aride. Les coureurs surgissaient du dernier lacet exsangues
et tétanisés de fatigue, morts-vivants qui basculaient dans
la vallée en fourrant un journal sous leur maillot pour ne
pas attraper la crève.

J'ai vu passer un Bugno halluciné, qui pédalait à côté de
son vélo. J'ai vu passer Bauer, et juste avant la voiture-balai
qui ferme la course est arrivé Cipollini avec Carlo Bomans
qui tentait de le sauver. Le beau Mario, tellement plus beau
dans sa douleur de crucifié que dans sa gloire de macho.

ÇA CHAUFFE !

L'Alpe d'Huez, 13 juillet 1995 – C'est une grande étape
l'Alpe d'Huez. On se souvient longtemps de son vainqueur.
Gagner à l'Alpe, c'est mettre son nom sur la coupe Stanley.
C'est marquer l'histoire du Tour. De mémoire de suiveur, on
n'a jamais vu autant de monde qu'hier sur l'Alpe. Près de
400 000 personnes. Des embouteillages monstres à partir
du village de Le Bourg-d'Oisans. Ce soir, il faudra de trois à
quatre heures pour redescendre les 13 kilomètres.

Envahie durant la nuit, la montagne s'est réveillée toute
coloriée de toiles de tente qui la mettent en gaieté. Elle en a
bien besoin. À nu, c'est une montagne laide et péteuse, chro-
mée pour le ski. Du Bourg-d'Oisans, le gros village à son
pied, une route mène à une sorte de Saint-Sauveur des hau-
teurs, avec 21 tournants numérotés, en commençant par la
fin, les plus retroussés sont au début et au milieu.

Ils sont Hollandais. De Rotterdam. Ils ont planté leur

tente au même endroit que l'année dernière, dans le tournant 19. La dernière patte d'oie avant le village. Ils ont mis une nappe blanche sur la table de camping. Un bouquet de fleurs des champs. Au menu : lapin froid, salade, fromages. Ils ont les mêmes voisins que l'an dernier. D'autres Hollandais, ceux-là de LaHaye. Depuis trois ans, ils ont pris l'habitude de se retrouver à l'Alpe. Ils s'échangent des petits cadeaux.

Ils sont des centaines de cyclos à escalader l'Alpe d'Huez quelques heures avant les coureurs. Des pépères. Des ambitieux sur des grands braquets. Des plus tranquilles qui moulinent. Des vieux cadavériques. Des Hollandaises à gros cul. Des enfants sur des petits bicyks à pneus balloune...

— Quel âge as-tu, petite fille ?
— Sept ans !
— Tu vas monter jusqu'en haut ?
— Si mon papa n'est pas trop fatigué...

Et l'innombrable foule à pied, en bedaine et gougounes, le cooler à pique-nique en bandoulière, le petit chien qui suit.

Moi ? Moi, je suis dans ma putain de saloperie d'auto, mon vieux. J'essaie de me frayer un chemin dans cette foule. Le moteur chauffe. Et pas seulement le moteur.

CONFITURES

Revel, 16 juillet 1995 – Une petite descente pour me donner un élan et j'ai attaqué les trois kilomètres de montée qui débouchent sur la piste de l'aérodrome de Mende, où Jalabert a gagné hier. J'avais trouvé la montée du Causse bien belle en auto, un peu folle aussi : des rampes épeurantes, genre la côte des Éboulements... Je n'ai pas été capable. OK, je suis vieux, fatigué – le Tour n'est pas l'endroit pour se reposer –, mais quand même, je pédale pas si pire, et j'aime les côtes. Je montais sur la 39 x 23, j'avais pas mieux. En plein milieu de la côte, je suis resté planté comme une cuillère dans un pot de confitures. Je suis tombé sur le côté avant de pouvoir décliper. Je me suis fait mal au moral.

LA MONTAGNE AUX PARAPLUIES
Guzet-Neige, 17 juillet 1995 – J'ai monté le col de Lers avec les cyclos, longtemps avant les coureurs. Moi dans l'auto comme un toton, eux à vélo. À la hauteur de ma portière, une jeune femme pédalait bien en rythme, et sur le siège arrière, son bébé casqué dodelinait de la tête au rythme des cahots.

— Dur?
— Pas trop. Le bébé a les yeux ouverts?
— Non. Il dort. Il est beau, votre bébé.
— Merci.

À vélo, les Pyrénées sont les plus belles montagnes que je connaisse. Dans les Alpes, des condos à tous les tournants, dans les Pyrénées, au pied des granges croulantes, des chardons bleus.

« Vas-y, mon papa ! » Sous une grande banderole tendue entre deux arbustes, un petit garçon attendait sous un parapluie...

— C'est un coureur du Tour de France, ton papa?
— Non, il est pompier. Mais le dimanche, il est coureur un petit peu.

La pluie s'est mise à tomber. J'ai fait mon chemin entre deux rangées de parapluies.

PLAISIRS
Pau, 15 juillet 1997 – Michael Zakuta, de Montréal, était des 6500 cyclos de la traditionnelle « Étape du Tour » qui emprunte, deux jours avant les coureurs, le parcours d'une étape de montagne du Tour de France. Michael s'est cassé le bras dans une descente, après une crevaison, il a dérapé et embrassé un poteau de ciment sur un pont. Il prend la chose avec humour : « J'ai été évacué en ambulance sur

Lourdes où j'ai eu le choix entre la cathédrale pour un miracle et l'hôpital. J'ai choisi l'hôpital où, soit dit en passant, j'ai été aussi bien soigné que je l'aurais été chez nous. »

Son copain, Vincent Cadoret, 56 ans, a complété l'épreuve en neuf heures. Cinquante-six ans, 182 kilomètres, 4 cols, 9 heures de vélo. Cela tient plus de l'obstination que de l'exploit. Et de l'entraînement, bien sûr. Ce vendeur de fontaines réfrigérantes se lève tous les matins à 5 heures pour aller monter trois fois le mont Royal, par Camillien-Houde. Ça, c'est la semaine. Le week-end, des sorties de huit heures du côté de Jay... C'est dur aussi pour la famille, qui se sent parfois moins importante que le vélo. Il y avait dans cette « Étape du Tour » des cyclos d'Alma avec leur maillot fleurdelisé, de Roberval, de Trois-Rivières, du Japon, des Australiens, des Anglais, des Américains, tous par la même route que les coureurs, le Soulor, le Tourmalet, l'Aspin et le Val de Louron...

Pourquoi, dites-vous ? Ben tiens, pour le plaisir de l'avoir fait. Notez que je ne dis pas pour le plaisir de le faire. C'est comme écrire. Il n'y a que le plaisir d'avoir écrit.

LA MONTAGNE DES HOLLANDAIS

L'Alpe d'Huez, 20 juillet 1997 – L'Alpe d'Huez est le grand rendez-vous du Tour. Trois jours avant, la montagne commence à se peupler de campeurs. Le jour même, à l'aube, elle est envahie par les marcheurs : on porte des paniers à pique-nique, on dispute les enfants, on rappelle les chiens qui se jettent dans les cyclos. Des milliards de cyclos qui viennent d'aussi loin que de la Nouvelle-Zélande et de l'Afrique du Sud pour monter l'Alpe et dire ensuite à leurs copains : « On l'a fait ! » Mais l'Alpe est surtout la montagne des Hollandais, et cette année, m'a-t-il semblé, celle des Danois et des Allemands.

Ainsi noire de monde, on ne s'aperçoit pas que l'Alpe d'Huez est une fort vilaine montagne pleine de pizzerias. Je n'aime pas monter dans cette fourmilière, klaxonner dans le dos des gens, j'aimerai encore moins redescendre tantôt, quand j'aurai envoyé mes textes. Des millions de voitures, d'autobus, de roulottes, les camions de la caravane, il me faudra trois heures pour descendre 13 kilomètres. La montagne ne sera qu'un immense vroum-vroum.

J'essaierai de penser au petit bois où je vais aux chanterelles avec ma fiancée. Elle m'a dit hier au téléphone qu'elle y avait surpris deux bébés chevreuils tout picotés...

C'EST PAS JUSTE

Troyes, 23 juillet 2000 – Rencontré un groupe de cyclotouristes québécois du côté de Colmar. Ils s'en allaient monter un petit col, pas trop difficile...

Je les connais, les petits cols du coin. Ça monte dans les sapins, ça zigzague dans les plis de la forêt, ça traverse des villages rouges de géraniums, ça longe des torrents, les petits oiseaux font cui-cui, tandis que moi, dans ma saloperie de char, j'allais retrouver la caravane du Tour qui fait vroum-vroum. Pensez pas que j'avais pas envie de les gifler?

TOURPITUDE

Note Tout a basculé au Tour de 1998, marqué par l'affaire Festina. Depuis, tout a changé... et rien n'a changé. Pantani est mort au début de 2004 d'une overdose de cocaïne, et les affaires continuent (Cofidis). En 1992, six ans avant le scandale Festina, on parlait peu de dope, c'est-à-dire qu'on en parlait sans savoir qu'on en parlait. Par exemple, en rapportant ce commentaire de Laurent Fignon à l'arrivée du contre-la-montre à Luxembourg (Fignon s'était fait rejoindre par Indurain parti six minutes après lui) : « Je roulais à 53 km/h contre le vent quand Indurain m'a dépassé, il était au moins à 60 ! »

De temps en temps, tout de même, noyé dans les textes périphériques, surgissait un commentaire qui montre que je n'étais pas complètement dupe.

QUI CONTRÔLE LES CONTRÔLES ?
Mulhouse, 16 juillet 1992 – Un coureur professionnel pédale entre 30 000 et 40 000 kilomètres par année. Le Tour, c'est 4 000 kilomètres en 21 jours, mais c'est surtout des moyennes absolument déraisonnables pour la machine humaine. Des athlètes exceptionnels ? Assurément. Mais aussi « assistés », soignés, pour ne pas dire dopés parce que, justement, on n'a pas le droit de le dire. Les contrôles anti-dopage ? La bonne question serait plutôt : qui contrôle les contrôles ? Le Tour de France, c'est une grande famille (en italien, la famiglia, c'est aussi la mafia). Le Tour, c'est surtout

un gros business, l'image doit rester propre pour les commanditaires, tels Fiat, Coca-Cola, le Crédit Lyonnais... De toute façon, le scandale n'est pas pour demain ; l'érythropoïétine, la dope la plus en vogue chez les coureurs, n'est même pas décelable au pipi. Ça prend un examen sanguin.

Note Voyez l'apparition de ce mot nouveau à l'époque : érythropoïétine. Dieu qu'on s'en est servi souvent depuis, au point où elle est maintenant détectable dans les urines !

Note 1997, la grande année de l'EPO. Les coureurs n'ont jamais été aussi arrogants, convaincus qu'ils ne seront jamais pris. Également, ils n'ont jamais été aussi imprudents. La presse ? Je ne sais pas pour les autres, mais moi, en 1997, je commence à être bien tanné qu'on me prenne pour une valise. C'est cette irritation qui transparaît dans le texte qui suit...

LE BIEN ET LE MAL

Andorre, 16 juillet 1997 – Il y a un mois, Richard Virenque se faisait lâcher dans les cols du Dauphiné Libéré. Je le cite : « J'avais honte, aux arrivées je me cachais pour ne pas avoir à répondre à la presse. » En explication de ce curieux état de faiblesse à trois semaines du Tour, Virenque prétendait qu'il avait perdu sa forme après s'être fait arracher une dent. Sauf que, en même temps, tous ses coéquipiers de l'équipe Festina, tous se traînaient lamentablement. S'étaient-ils fait arracher une dent par solidarité ?

La même équipe Festina pète le feu depuis deux jours dans ce Tour.

Coup d'œil maintenant sur la saison de Riis. Très hot pour les classiques du printemps. Puis coupure. Il disparaît complètement. Très discret à son retour. Même chose pour Ullrich. Il s'est traîné jusqu'au Tour de Suisse. Voyez maintenant ! Où je veux en venir ? Ces grandes variations de forme dans des intervalles aussi courts ne correspondent à aucun programme d'entraînement. Aucun programme ne peut amener un athlète qui ne marche pas du tout, comme Virenque et les Festina il y a trois semaines, à la super forme qu'ils montrent aujourd'hui.

Comment réagit-on du côté de l'UCI et des organisateurs du Tour ? En faisant diversion. En tombant à bras raccourcis sur ce pauvre Abdou, dont on nous dit qu'il aurait été contrôlé cinq fois positif cette saison. Ah bon. Pourquoi avoir attendu la cinquième fois ? Combien d'autres comme lui ? On peut avoir les noms ?

Note En 1998 j'étais en France pour couvrir le Mondial, gagné par les Français dans l'euphorie que l'on sait, mais je ne suis pas resté pour le Tour qui partait cette année-là de Dublin, en Irlande. Deux jours avant le départ du Tour, le soigneur de l'équipe Festina est arrêté à la frontière belge avec 235 doses d'EPO (Eprex 4000), 82 doses d'hormones de croissance et 60 doses de testostérone... Cette simple opération de police est à l'origine d'un séisme qui secoue le cyclisme encore aujourd'hui. Mais l'affaire Festina va d'abord faire vaciller le Tour de 1998 lui-même. Le directeur technique de Festina est arrêté et emprisonné, puis toute l'équipe est exclue. Une autre équipe (les TVM) abandonne. Il s'en faut d'un poil que le Tour s'arrête...

J'arrive à Paris en catastrophe, pour couvrir les deux dernières étapes de ce Tour catastrophe....

LE DERNIER TOUR ?
Melun, 2 août 1998 – Melun est à une demi-heure de Charles-de-Gaulle, où j'ai atterri tout à l'heure. Est-ce la pluie, les autoroutes désertes, les hôtels vides ? J'ai l'impression d'être venu ici pour enterrer un vieux cousin. C'est pas mal ça, en fait. Je suis venu enterrer le Tour de France. Les

coureurs arrivent à Melun ce matin en TGV pour prendre le départ de la dernière étape de ce Tour de France miné par les « affaires ». La caravane a précédé les coureurs, et Dieu qu'elle n'a pas le cœur à défiler : « Si ce n'était d'aller montrer nos couleurs sur les Champs, on rentrerait vite à la maison ! » Celui-là qui vient d'arriver à mon hôtel conduit un camion réfrigéré, plein de petites bouteilles de yogourt liquide qu'il lance aux gens massés sur le bord de la route.

— Comment ils sont, les gens ?

— Déçus.

— Des coureurs ?

— Déçus du grand déballage. Il y en a qui déconnent, qui demandent s'il y a de l'EPO dans mon yogourt, mais en général, ils s'en foutent un peu que les coureurs prennent des trucs.

— Le Tour s'en remettra-t-il ?

— On ne peut pas dire... Nous étions sur la liste d'attente depuis quatre ans pour entrer dans la caravane. Mais là, on ne sait plus si on veut revenir l'an prochain. Nous nous sommes déjà réunis deux fois pour en parler.

— Vous pensez que l'avenir du Tour est entre les mains des sponsors ?

— C'est certain.

J'ai quitté une France euphorique d'avoir gagné le Mondial il y a trois semaines, je la retrouve honteuse et humide comme l'arrière-boutique d'une pharmacie. Cela est d'autant plus dommage que ce fut, sportivement parlant, un bon Tour. Des explications à la pédale comme on n'en avait pas vu depuis très longtemps. Les Pantani, Julich, Ullrich ne se sont pas fait de cadeaux. Encore hier, ils ont couru à fond ce contre-la-montre sous la pluie. Ce qu'a fait Pantani dans le Galibier était dantesque. Ullrich, K.-O., se relevait le lendemain pour attaquer dans la Madeleine... On se demande comment ils peuvent être aussi grands sur leur vélo et aussi petits quand ils marchent à côté.

L'INTOX

Paris, 3 août 1998 – Ce n'était pas la foule, pas l'apothéose habituelle des arrivées du Tour de France sur les Champs-Élysées. Il pleuvait à boire debout quand les coureurs ont viré pour la première fois devant l'Arc de Triomphe, mais comme l'a habilement souligné l'Américain Bobby Julich, étonnant troisième et nouvelle coqueluche des Français : « À la fin, il y avait une petite rayon de la soleil »... Et ils ont été nombreux, bien entendu, à se dépêcher de prendre ce petite rayon de la soleil pour la fameuse lueur au bout du tunnel.

Le plus soulagé était certainement le directeur général, Jean-Marie Leblanc, qui a raconté comment le Tour a été sauvé par le Danois Bjarne Riis au moment où les coureurs parlaient d'en finir... « Riis est venu me voir au nom du peloton qui voulait s'arrêter, raconte Leblanc. Nous avons discuté, mais ce n'est pas ce que nous avons dit qui a sauvé le Tour, c'est le fait que nous étions, à ce moment-là, en mouvement. J'étais dans mon auto, et Riis, sur son vélo, parlait au nom du peloton qui roulait derrière lui. Nous avancions ; c'est ça, l'important. Si nous nous étions arrêtés, le Tour aussi s'arrêtait. » Le DG a ajouté que si le Tour s'était arrêté, c'eût été terriblement injuste pour Marco Pantani. Et cela, au moins, est vrai. Ce sale Tour s'est offert un formidable vainqueur, mais ce n'est pas pour Pantani qu'il est content, M. Jean-Marie Leblanc. C'est pour lui. Il a sauvé son cul. Si le Tour n'était pas arrivé à Paris, il y aurait eu bris de contrat avec les villes étapes et surtout avec les commanditaires. Des dizaines de millions en perte sèche.

Le dernier coureur avait à peine passé la ligne qu'on lançait une vaste opération intox. On allait nettoyer l'abcès. On allait enfin poser les bonnes questions, et tout de suite. Des médecins, des coureurs, des policiers ont palabré pendant deux heures sur France 2. Pas un qui ait eu le courage de poser la question qui s'imposait au soir de ce Tour de France balayé par 12 000 histoires de dope : « Coudon, Pantani, est-il dopé ou non ? »

Note 1999, l'an un du renouveau. On a vidé l'abcès en 1998, on a sorti le méchant comme on dit, plus personne ne se dope, juré, promis. L'expression à la mode en cette année 1999, c'est « à l'eau claire »... La santé d'abord. Ben tiens !

LʼEAU CLAIRE
8 juillet 1999 – Hier, entre Laval et Blois, 200 kilomètres, les coureurs ont roulé à plus de 50 de moyenne. DE MOYENNE ! Un sprint de 200 kilomètres ! Ils ne sont jamais allés aussi vite. Ils ont couru, hier, l'étape la plus rapide de toute l'histoire du Tour de France. À l'eau claire. Oui, madame.

Ils étaient si peu fatigués qu'en arrivant à Blois il y en a qui ont dit : « Chiche ! on va bouffer à Paris ! » Ils ont remis de l'eau claire dans leurs bidons et ils sont allés manger une fricassée de rognons de mouton chez Marcel à la Porte d'Italie, 150 kilomètres plus loin. Y en a d'autres qui avaient pas faim, ils sont allés au château – il y a un grand château à Blois – et ils se sont mis à pédaler autour de la fontaine du château. Ils tournaient encore à minuit quand la police, les pompiers et les infirmiers de l'hôpital psychiatrique sont venus leur faire signe que c'était fini. Stop. Arrêtez les boys. Vous êtes arrivés, allez vous coucher.

La direction du Tour a expliqué que cet étrange comportement était dû à la stupéfiante quantité d'eau claire que les coureurs absorbent depuis le début du Tour de 1999.

ÉTHIQUE
10 juillet 1999 – L'EPO que les coureurs ne prennent plus depuis cette année permet, s'cusez, permettait de fixer l'oxygène dans le sang. Résultat qu'on peut obtenir naturellement

en s'entraînant en altitude. Sauf qu'il faut aller à la montagne, et c'est long et dérangeant. Tandis que l'EPO, c'est, s'cusez, c'était la montagne dans ton réfrigérateur. Des petits malins se sont dit qu'il y avait peut-être un autre moyen de fixer l'oxygène dans le sang : la tente à oxygène, ou tente hypoxique, dans laquelle on raréfie l'oxygène pour obliger le système à en produire naturellement (même processus qu'en altitude).

Depuis le début du Tour, les coureurs de Festina et de la Polti couchent tous les soirs sous des tentes à oxygène et c'est tout à fait légal. Mais justement, pourquoi prendre de l'EPO, c'est épouvantable, alors que la tente à oxygène, bravo, on vous félicite d'innover en matière d'entraînement ? Le but n'est-il pas le même : fixer l'oxygène dans le sang ?

LA PRESSE
16 juillet 1999 – Le journal *L'Équipe* appartient au même holding financier que le Tour de France. Tant que la seule vérité du Tour était celle de l'exploit, pas de problème ; leurs formidables journalistes de vélo étaient sans pareils pour raconter une course dans la presse sportive européenne. Mais maintenant que la suspicion de dopage est partout, les journalistes de *L'Équipe* écrivent entre deux chaises, ou plutôt entre deux sortes de journalisme, l'un lyrique et l'autre de faits. Les journalistes de *L'Équipe* savent mieux que personne que le peloton est aussi dopé cette année que l'an dernier. Mais ils sont aussi bien mal placés pour l'écrire. Cela donne des articles sablonneux, qui procèdent par allusions et longs détours. En ces temps troublés, il vaut mieux se tourner vers *Le Monde* ou *Libération,* où le sous-entendu est transparent, comme ce titre : « Médecine et sport continuent de rouler de concert », ou encore, « Armstrong ne manque pas d'air ».

LE RENOUVEAU

3 juillet 1999 – Ils ont réussi à gâcher mon fun avec leurs niaiseries. La dernière en date : la réintégration de Richard Virenque. Au centre de la mascarade du Tour de l'an dernier, Virenque incarne jusqu'au ridicule le bobo numéro un du vélo : le mensonge. « Fermeté et intransigeance seront nos règles de conduite », avait promis, pompeux comme toujours, Jean-Marie Leblanc, directeur général du Tour. « Seront écartés ceux qui pourraient porter atteinte à la réputation du Tour pour fait de dopage », avait-il ajouté. Et voilà Virenque au Tour !

Le Tour qui s'élance aujourd'hui du Puy-du-Fou serait, d'après les organisateurs, le Tour du renouveau. Sauf qu'il ne se passe pas une journée sans que n'éclate un scandale, une descente de police, une nouvelle affaire. Pantani sorti du Tour d'Italie. Francesco Casagrande, tout juste de retour après neuf mois de suspension pour dopage, vient de remporter le Tour de Suisse ! La grande vedette du début de saison, le Belge Frank Vandenbroucke, convaincu de dopage...

Soyons gagas deux secondes. Tenons pour réelle l'émergence d'une culture antidopage dans le peloton. Faisons semblant de croire un instant qu'autour de coureurs comme Chris Boardman, Jean-Cyril Robin, Christophe Bassons, donnés pour purs, gravite un noyau de coureurs qui marchent à l'eau claire et à la vitamine C. Exagérons largement et disons qu'ils constituent la moitié du peloton. Bon. Cela va nous donner quoi comme Tour de France ?

Un tour à deux vitesses. Devant, il y aura ceux qui vont imposer le train, jamais fatigués, le teint frais. Derrière, il y aura les « Vitamine C », livides, épuisés, inquiets de leur avenir. « C'est pour eux, pour les purs, que le Tour doit partir », disent les organisateurs. Menteurs. Dès lors que le Tour accepte Virenque ; dès lors qu'il accepte les Rabobank de Michael Boogerd qui ont écrasé Paris-Nice de toute la chimie de leur pharmacie ; dès lors que le Tour accepte les Lampre surpris au Tour de Suisse à jeter leurs seringues dans des poubelles publiques ; dès lors que sont là aussi les Saeco et les Polti qui refusent de se soumettre aux tests italiens ; les Telekom dénoncés, preuve à l'appui, par l'hebdomadaire *Der Spiegel* ; dès lors tout ça, qu'on nous fiche la paix avec le renouveau.

Le Tour aurait dû s'arrêter un an, deux peut-être, le temps de faire, avec tout le cyclisme, un vrai ménage. Mais le Tour est une grosse machine à faire du fric, 70 % de ses recettes, environ 85 millions de dollars par année, proviennent des villes étapes et des commanditaires, tels Fiat, Coca-Cola, etc. Ce matin, Jean-Marie Leblanc a ouvert la route du 86ᵉ Tour de France avec son traditionnel : « Messieurs, on y va. »

On y va, mais où ? Où y va le Tour de France ?

Note En 1999, on voit apparaître aussi une nouvelle expression : cyclisme à deux vitesses. Démonstration dans le compte rendu de cette étape qui aurait dû revenir à un coureur français...

DEUX VITESSES
24 juillet 1999 – Les Français ne gagneront pas une seule étape de ce Tour de France. Creux de vague, disent les petits comiques. Mon œil. Les coureurs français ont connu une saison affreuse et un Tour désastreux, tout simplement parce que les contrôles antidopage sont plus rigoureux en France. Les coureurs français sont soumis à un suivi médical connu sous le nom de « suivi longitudinal », qui consiste en des examens aux trois mois, permettant de relever toute anomalie, comme une augmentation suspecte de globules rouges, un taux anormal de ferritine ou de cortisone, indiquant que le coureur prend plus que des vitamines.

Résultat de cette rigueur longitudinale : cinq Français, parmi lesquels François Simon et Jean-Cyril Robin, deux excellents coureurs, chassaient hier un Italien complètement inconnu, Gianpaolo Mondini ; cinq contre un, et ils n'ont pas été foutus de boucher les 100 mètres qui les séparaient d'une victoire d'étape dont ils avaient pourtant le plus urgent besoin. Ce Mondini qui n'avait jamais rien gagné de sa vie – il courait pour l'équipe du Vatican l'an dernier – avait un sacré pétard dans le cul. Tandis que les Français étaient désespérément longitudinaux.

Note 2000 et 2001. Officiellement, des années de grand ménage. En réalité, rien, absolument rien n'a changé. On a cru par exemple que les coureurs avaient abandonné l'EPO. On sait aujourd'hui, par des confessions publiques de repentis, qu'il n'en est rien. Les coureurs ont tout simplement trouvé des moyens très efficaces de déjouer les contrôles...

TOUT VA BIEN

Fribourg-en-Brisgav (Allemagne), 21 juillet 2000 – Il serait exagéré de dire que la victoire du Hollandais Erik Dekker, sa troisième à ce Tour, est un signe de renouveau ! Pas une seule victoire importante dans sa carrière, et boum ! trois d'un coup. Hasard ? Dekker a été mis au repos pour taux d'hématocrite trop élevé la saison dernière.

Du côté des équipes françaises, ça bougonne. La Française des Jeux, par exemple. Le sponsor a clamé haut et fort qu'il préférait une équipe propre à une équipe performante. Résultat : le premier coureur de la Française des Jeux au classement général se retrouve 74e à 2 heures et 20 minutes d'Armstrong. Deux autres équipes françaises, Cofidis et le Crédit Agricole, ont l'air d'avoir fait le même choix, avec le même résultat. On notera que l'expérience est tentée par des sponsors très riches, qui n'attendent pas des retombées immédiates.

Mais on notera aussi que les trois premiers Français, Virenque (5e), Moreau (6e) et Hervé (11e) sont trois ex-Festina, cette équipe convaincue de dopage généralisé et exclue du Tour en 1998. Hervé passe pour celui qui prenait les doses les plus massives.

Hier, à Lausanne, le président du CIO, Juan Antonio Samaranch, et le président de l'UCI, Hein Verbruggen, sont venus en voisins féliciter les gens du Tour d'avoir fait un « sacré travail de nettoyage » depuis 1998. Cyniques ? Naïfs ? Ni l'un ni l'autre. Pragmatiques. Ainsi est mené le monde, par des gens qui ont moins le projet de le faire meilleur que de le tranquilliser. Dormez, bonnes gens, tout est bien.

RÊVER ENCORE
Dunkerque, 7 juillet 2001 – Le dernier Tour de France ? C'était mon pressentiment en faisant mes valises, je me disais : « Foglia, mon vieux, tu t'en vas couvrir ton dernier Tour de France. C'est la fin de cet énorme machin. » Le Tour et le vélo sont rongés par un cancer généralisé. Ce n'est pas pour rien que son probable vainqueur est un rescapé de la chimiothérapie. Pas pour rien que les dernières drogues saisies au Tour d'Italie le mois dernier sont des médicaments utilisés en cancérologie. Bref, c'était mon sentiment, le Tour était en phase terminale.

Et puis je débarque à Dunkerque, dans cette Flandre où le cyclisme est une religion. J'entends, dans les cafés, les buveurs parler d'Armstrong comme d'une sorte de messie à pédales. J'entends la pharmacienne espérer « qu'ils auront du beau temps ». Je croise un peloton de coureurs qui revient de l'entraînement. C'est l'été. C'est juillet. La moisson. Les enfants d'une colonie de vacances installent une banderole. Quai-aux-Fleurs, des joueurs de boules retroussent leurs manches. Mort, le Tour de France ? Pas celui-là.

Et d'ailleurs, est-ce que meurent les Jeux olympiques, tout aussi gangrenés ? Est-ce qu'est mort le ski de fond après l'énorme scandale qui a éclaboussé l'hiver dernier les fondeurs finlandais ? Est-ce que la natation australienne s'est noyée après la récente affaire Touretski, l'entraîneur des médaillés australiens ? Une bonne fois, il va bien falloir faire passer un test antidopage aux spectateurs pour comprendre comment il peuvent supporter tout ça sans se décourager. À quoi ils se shootent pour rêver encore ?

Dernier désenchantement, dans un livre qui vient de sortir – *Tour de vice* –, l'ancien directeur technique de l'équipe Festina révèle que le peloton n'est pas seulement gangrené par le dopage, mais aussi par la corruption. Pratique généralisée, la victoire s'achète, se marchande à 20 kilomètres de l'arrivée. En 1997, Richard Virenque – exclu du présent Tour – a acheté 20 000 $ sa « légendaire » victoire de Courchevel.

Et que dit le public ? Dans le quartier du port, à trois coins de rue de la permanence du Tour d'où je termine ce texte, une banderole sur un toit : « Virenque revient ! »

ILS SE SOIGNENT

Dunkerque, 8 juillet 2001 – Dans la matinée, les 189 coureurs qui prendront le départ de ce Tour 2001 ont donné un échantillon de leur sang. Les petits flacons ont pris immédiatement l'avion pour le laboratoire suisse accrédité, et à 17 heures, les résultats étaient affichés dans la salle de presse : yé, tous négatifs, tous en santé, tous à l'eau claire.

Précisons qu'il suffit de cesser de prendre de l'EPO 48 heures avant un contôle pour que le sang n'en garde aucune trace. Précisons que les nouveaux trucs comme l'hémopure, le RSR-13, ou l'Actovegin retrouvé dans les poubelles de l'US Postal l'an dernier ont exactement le même effet que l'EPO, mais sans laisser de traces détectables pour l'instant. Pour les très populaires corticoïdes (de type Ventolin, pour soigner l'asthme), les coureurs reçoivent des prescriptions médicales validées par les autorités du Tour et la fédération internationale. Croiriez-vous que plus de

30 % des coureurs ont un petit papier du médecin qui les autorise à « soigner » leur asthme (Jan Ullrich, par exemple), leurs allergies, ou n'importe quel autre de ces maux qui frappent si méchamment les plus grands athlètes ? Bref, les coureurs ne se dopent plus. Ils se soignent.

LE BARON

Boulogne-sur-Mer, 9 juillet 2001 – Je ne sais pas si Lance Armstrong se drogue, ni à quoi. Mais s'il n'était pas coureur cycliste, si c'était un homme d'affaires, par exemple, je dirais que ce gars-là est sur la coke. Cette formidable assurance qui confine à l'arrogance, surtout cette conviction d'avoir raison contre tout le monde tout le temps : cocaïne. Je lis dans la *Gazetta dello Sport* qu'Armstrong veut s'attaquer au record de l'heure et qu'il a retenu, pour se préparer, les services du Dr Michele Ferrari, quand tout le monde sait que c'est par Ferrari (et Conconi) que l'EPO s'est répandue en Italie au début des années 90. Ferrari a d'ailleurs été mis en examen « pour administration de produits dangereux » et devra subir son procès en septembre.

Pourquoi s'acoquiner maintenant avec Ferrari ? Provocation. Et provocation encore quand Armstrong absout publiquement Virenque et Pantani en même temps qu'il traite Bassons de pourri, ce jeune coureur qui a osé briser la loi du silence. Le peloton a toujours eu un patron. Hinault était tyrannique. Merckx, impérial. Indurain, bienveillant. Armstrong ? Armstrong n'est pas un patron. C'est un baron.

LES CORTICOS

Montluçon, 27 juillet 2001 – La vraie vedette de l'étape d'aujourd'hui, c'est une guêpe. Elle a piqué l'Américain Jonathan Vaughters à l'œil, le forçant à l'abandon. Une intraveineuse de cortisone eût réglé le problème. Seulement voilà, la cortisone, un corticoïde comme son nom l'indique, est sur la liste noire de l'UCI.

C'est con ? Encore plus que vous croyez. Un scoop du journal *Le Monde* révèle que la moitié des 16 coureurs qui ont subi un contrôle dans les deux étapes pyrénéennes étaient positifs aux corticoïdes, mais tous pouvaient produire des certificats de complaisance, alléguant qu'ils étaient allergiques ou asthmatiques, et pouvaient donc se doper en toute impunité.

Les corticos ont un effet euphorisant, cachent la fatigue, calment la douleur. À très fortes doses, certains corticoïdes ont des effets anabolisants. Juste pour le fun, quand on dit « à très fortes doses », vous pensez à quoi ? Cinq ou six fois la dose utilisée pour soigner une vraie crise d'asthme ? Han han. Cent vingt fois la dose normale ! Ce qui n'empêche pas le directeur du Tour, Jean-Marie Leblanc, d'afficher une mine très satisfaite. « Ça va mieux, non ? » lançait-il aux journalistes, lundi, à Pau. Tout va très bien, Monsieur le Marquis.

ARMSTRONG ENCORE

Montluçon, 27 juillet 2001 – Armstrong se dope-t-il ? La grande question. Je vous dis tout de suite que personne n'en sait rien. Ce qu'on sait, c'est qu'on n'a jamais vu un coureur tourner les jambes aussi vite en montagne tout en développant autant de puissance. On n'a jamais vu, en tout cas moi je n'avais jamais vu, un coureur monter les 10 derniers kilomètres d'un col en danseuse. Puissance ET vélocité. D'ordinaire, les coureurs choisissent volontairement l'une au détriment de l'autre. Le truc d'Amstrong, c'est d'avoir rendu puissance et vélocité complémentaires. Comment ? En s'entraînant comme un malade, 10 mois par année. Entraînement, entraînement, entraînement.

Cela pourrait indiquer qu'il ne se dope pas puisqu'un des « bénéfices » de l'EPO, un des plus appréciés des coureurs, c'est précisément d'être un raccourci magique à l'entraînement. Alors Armstrong est clean ? Je n'ai pas dit ça. Peut-être qu'il se dope pour pouvoir s'entraîner comme un malade.

LA DÉRAISON

Montréal, 6 juillet 2002 – Quatre ans après le scandale Festina, le cyclisme professionnel est plus que jamais à la dérive, plus que jamais affaire de surenchère pharmaceutique. L'omertà du peloton est toujours aussi opaque. Et la presse a recommencé à accréditer tous les mensonges. « L'Italie dans le gouffre » ont titré les Français au lendemain de cette bouffonnerie qu'a été, une fois de plus, le Tour d'Italie 2002. Pourquoi l'Italie, confrères ? N'avez-vous pas salué d'un grand cocorico la victoire de Virenque dans Paris-Tours l'automne dernier ? Un grimpeur qui revient de neuf mois de suspension et gagne Paris-Tours, 250 kilomètres de plat, en tenant tête aux grosses cylindrées des équipes de sprinters ! On ne sait plus qui est aveugle et qui est malhonnête.

Il y a un mois, Jean-Marie Leblanc, le directeur général du Tour de France, a récusé l'équipe italienne Saeco dont le leader, Gilberto Simoni, a été trouvé deux fois positif à la cocaïne, et chassé du Tour d'Italie dont il était le favori. Jean-Marie Leblanc a remplacé la Saeco par l'équipe francaise Jean Delatour, remplacement annoncé le 3 juin. Or, quatre jours plus tôt, le 29 mai, Laurent Roux, un des leaders de Jean Delatour, était testé positif aux amphétamines. On chasse une équipe dopée... mais on n'a d'autre choix que de la remplacer par une autre équipe dopée. On ne peut mieux illustrer l'omniprésence du dopage.

La meilleure ? Jan Ullrich, ex-vainqueur du Tour, grand rival de Lance Armstrong, absent cette année pour des problèmes de santé, vient d'être opéré à un genou ; il était donc à l'hôpital, en réadaptation, quand, le 12 juin dernier, inopinément contrôlé par la fédération cycliste allemande, il est testé positif aux amphétamines ! À l'hôpital ! Il n'avait pas pédalé depuis deux mois. Il ne s'entraînerait pas avant plusieurs semaines. Dopé !

Le dopage a perdu toute logique, même délinquante : la dope n'est plus un dépassement mais un préalable, on ne se dope pas pour gagner mais pour suivre. Pendant le Tour d'Italie, un soir, l'annonceur du journal télévisé de la RAI a fait sa manchette non pas avec le vainqueur de l'étape, mais en claironnant, triomphant : « Aujourd'hui, aucun coureur n'a été testé positif. » Quand on voit Lance Armstrong démarrer dans l'Alpe d'Huez, tout le monde se demande si les médecines qui l'ont aidé à vaincre le cancer ne l'aident pas aussi à vaincre les montagnes. Lui seul pourrait le dire. Mais pourquoi le dirait-il ?

Quand tout le monde triche, y a-t-il encore des tricheurs ?

Je vais vous dire un truc qui va faire hurler Mme Ayotte : j'aime ce sport à la folie et je me fous, m'entendez-vous, je me contrefous qu'ils se shootent à l'eau de Javel, au beurre de pinottes ou au pipi de ouistiti enceinte. Ma passion se nourrit de leur déraison même.

Note 2003. Le Tour du centenaire. Avouez qu'il eût été dommage d'en ternir les célébrations par une méchante histoire de dope. Il n'y en a pas eu non plus. De toute façon, le sujet lasse le public, saisi d'une impérieuse envie « de ne pas savoir », comme dans le bon vieux temps.

Le gouffre s'est encore creusé entre les pratiques réelles et les assurances paternalistes prônant que tout est bien. Ce n'est plus la vérité qui est en cause. Mais la lucidité.

CIRCULEZ, Y A RIEN À VOIR

Paris, 5 juillet 2003 – On nous dit que ce Tour de France du centenaire, en empruntant la route de ses pionniers, renouera avec ses valeurs fondamentales : courage, endurance, discipline. On nous dit ça. Si vous voulez mon avis, ce sont là de ronflants radotages tout à fait dans le style du directeur du Tour, Jean-Marie Leblanc. La réalité, c'est que le Tour est malade.

L'autre jour, avec des amis cyclos, nous parlions de ce jeune coureur français, Fabrice Salanson, 23 ans, trouvé mort dans sa chambre au départ de la première étape du Tour d'Allemagne. Nous évoquions évidemment le dopage. Quoi d'autre ? Vous connaissez beaucoup de garçons de 23 ans, pas du tout malades la veille, ni l'avant-veille, ni jamais, qui sont morts comme ça, subitement, pendant la nuit, dans leur lit ?

Aussitôt le résultat de l'autopsie connu – aucune trace de rien –, L'Équipe, journal du Tour, s'est dépêché de faire honte à tous ceux qui, comme moi et mes amis cyclos, avaient osé penser dopage : « Jamais les raccourcis et la suspicion d'une certaine presse à l'affût des scandales n'ont été aussi déplacés », nous admonestait le confrère. Et Lance Armstrong d'en rajouter une couche : « Qu'on pense à sa mère ; c'est vraiment dégueulasse. » Le lendemain, les coéquipiers du malheureux garçon déclaraient qu'ils ne souhaitaient pas évoquer cet épisode douloureux.

C'est de ce silence-là, opaque et agressif, dont souffrent le Tour de France et le vélo professionnel (et le sport en général). Ce garçon faisait partie de la jeune relève française, celle dont on dit qu'elle est en train de changer les mentalités du cyclisme. Voyez la portée du symbole, voyez le bond en arrière si on l'avait trouvé drogué. Dieu merci, on n'a rien trouvé dans sa chambre ni dans son sang. Youpi, ce garçon est mort à l'eau claire. Circulez, y a rien à voir.

Depuis cinq ans, depuis l'affaire Festina, c'est ce qu'on nous répète chaque fois : circulez, y a rien à voir. Les affaires continuent pourtant de se succéder à un rythme effarant. En plein Tour de France 2002, Igor Gonzalez de Galdeano, alors maillot jaune, est testé positif aux corticoïdes. Galdeano est blanchi par le président de l'Union cycliste lui-même, qui conteste la validité des tests de l'Agence mondiale antidopage (de Richard Pound). Or, Galdeano vient d'être rétroactivement suspendu pour six mois.

À la fin du Tour 2002, Edita Rumsas est arrêtée à la frontière italienne, son auto pleine de produits dopants. Elle est la femme du Lituanien Raimondas Rumsas, révélation du Tour, troisième derrière Armstrong et Beloki. Lui non plus n'avait rien dans sa chambre ni dans son sang. (Rumsas vient de se faire épingler pour de l'EPO au Tour d'Italie.)

En janvier, le coureur italien Denis Zanette meurt lui aussi de mort « naturelle » alors qu'il est chez son dentiste. Rupture d'anévrisme. L'autopsie ne révélera rien.

Et en juin, ce jeune homme de 23 ans.

Le Tour est malade de ses mensonges, dont quelques-uns sont mortels. Le Tour est malade et pourtant il n'est jamais allé aussi vite. C'est son autre maladie : la vitesse. Quand on leur reproche de se « soigner », de monter leur taux d'hématocrite à la limite du permis, de se faire délivrer des ordonnances de complaisance pour des corticoïdes, ils répondent que ces « soins » sont nécessaires parce que leur sport est très dur. Sauf que plus ils se « soignent », plus ils vont vite. Cherchez l'erreur : plus ils vont vite, plus leur sport est dur.

Plus ils vont vite, plus le spectacle est nul. Plus le peloton va vite, plus il est difficile d'en sortir. Les étapes de plat se résument à 200 kilomètres de non-course avec un sprint massif au bout. Il ne se passe plus grand-chose au Tour, et cela depuis près de 15 ans, depuis Miguel Indurain et ses cinq victoires de suite, toutes semblables. Indurain préfigurait le champion biologique (biochimique ?) qu'est Lance Armstrong. Le Tour aujourd'hui se joue sur 15 kilomètres, généralement dans la première étape de haute montagne. Que dis-je, 15 kilomètres ? Le Tour se joue sur le premier démarrage de Lance Armstrong, 500 mètres, parfois moins, et c'est fini. Le reste n'est que du remplissage publicitaire.

Le Tour n'est plus cet espace mythique où se nouaient des drames, où les échappées se développaient comme des chevauchées fantastiques dans des décors dantesques, où naissaient des histoires qui faisaient de la course un événement littéraire autant que sportif. Aujourd'hui, les drames se nouent presque toujours en marge de la course elle-même, comme les affaires de dopage et leur judiciarisation, comme les morts accidentelles, celle de Fabio Casartelli en 1995, celle d'Andreï Kivilev dans Paris-Nice au début de la saison. C'est bête à dire, mais aujourd'hui, le Tour n'est vibrant que dans l'hommage à ses morts. À moins qu'ils embarrassent, comme ce jeune homme de 23 ans « mort de rien », dans sa chambre, la veille du Tour d'Allemagne. Alors on se dépêche de les enterrer en silence. Circulez, y a rien à voir. Taisez-vous, y a rien à dire.

BANALISATION
Morzine, 13 juillet 2003 – À chaque arrivée d'étape, le maillot jaune et le vainqueur de l'étape vont faire pipi, plus six coureurs dont les dossards sont tirés au hasard.

Le ministère des Sports français chapeaute l'opération ; les médecins de l'UCI – dont le Dr Pierre Blanchard, président de la Fédération cycliste du Québec – font je ne sais trop quoi, et il y a aussi trois observateurs de « notre » Agence mondiale antidopage. Eux, je sais ce qu'ils font : rien. Ils regardent. Ils prennent des notes. Ils préparent un rapport. Que voulez-vous qu'ils fassent ? L'Union cycliste internationale refuse de leur communiquer les résultats des tests au motif que ces tests visent à vérifier la bonne santé des athlètes et non à vérifier s'ils se dopent. Vous avez dit niaisage ?

De toute façon, c'est presque fini, le dopage, disent les bons docteurs. Reste le plus difficile, en convaincre les journalistes et autres mauvais esprits qui affirment que les coureurs sont plus gelés que jamais, que de nouvelles méthodes (sinon de nouveaux produits) ont fait leur apparition, sans parler des anciennes méthodes qui reviennent en force, comme le dopage sanguin. « Les journalistes n'appuient leurs soupçons d'aucune preuve scientifique », m'a dit le bon docteur Leon Schattenber, médecin de l'UCI. Figurez-vous qu'on pensait que c'était votre job d'en trouver.

Vous avez vu rouler Richard Virenque hier ? Ce n'est pas une preuve ? Vous l'avez vu monter le difficile col de la Ramaz ? Il reprenait du temps au peloton tiré par les quatre US Postal qui emmenaient Armstrong. Virenque, 33 ans, pas bien depuis le début de la saison, au point où son équipe, Quick Step, avait exprimé publiquement son mécontentement. Il y a un mois, dans le Dauphiné Libéré, dans ce même col de la Ramaz, Virenque se faisait lâcher.

Qu'a-t-il fait entre le Dauphiné et le Tour de France pour ne plus être le même coureur ? À qui faut-il poser cette question, à son entraîneur ? À son médecin ? Aux bons docteurs de l'UCI ? À la fédération ? À un flic ?

Ou est-ce que tout le monde s'en crisse ? Par tout le monde, j'entends les gens, le public. On voit en ce moment à la télé française une annonce qui met en scène Richard Virenque qui fait de la réclame pour Davitamon, un fabricant belge de vitamines (qui commandite aussi l'équipe de Virenque). Demander au plus grand dopé de l'histoire récente du vélo de faire la promotion de vitamines, c'est de l'humour noir. On voit Virenque en vélo avec sa famille, sa femme, ses enfants ; un de ses enfants se rend à la hauteur de son père et lui demande : « Qu'est-ce que tu prends, papa, pour rouler comme ça ? »

– Davitamon, voyons donc, répond Richard.

Il est gonflé le publiciste qui a osé ça. Vous avez dit banalisation ?

COMME DANS LE BON VIEUX TEMPS
Paris, 28 juillet 2003 – Un de ces bons vieux Tours de France comme il y en avait avant 1998 : pas un mot sur le dopage. Pas une affaire. Pas un cas. Pas une descente de police. À en croire les gendarmes, les coureurs, les organisateurs et les pharmaciens avaient conclu une trêve pour ne

pas gâcher les célébrations du Tour du centenaire. Seuls *Le Monde* et *Libération* ont continué de cracher dans la soupe avec des papiers – plutôt bien documentés, d'ailleurs – qui évoquaient en filigrane un dopage généralisé.

Libération avait retenu les services d'un professeur de sport et directeur d'une cellule d'entraînement dans un centre national. Celui-ci s'est beaucoup interrogé sur la vitesse à laquelle les coureurs franchissent les cols. Faisant référence au « calcul des puissances », ce spécialiste a calculé que les 10 premiers du classement développaient en montagne une puissance située entre 416 et 423 watts, ce qui est bien plus près de la moto que de l'humain.

Le Monde, lui, a enquêté sur le retour du dopage par transfusions sanguines. Rien de plus facile, paraît-il, que de se transfuser 500 ml de son propre sang, « boosté » à l'EPO, juste après un contrôle, par exemple, et juste avant une étape difficile. On peut ainsi augmenter ses capacités de transport d'oxygène de 20 % sans dépasser le taux d'hématocrite permis...

« Vous me faites injure ! s'est fâché Jean-Marie Leblanc, directeur général du Tour. C'est de la perversion mentale. » Il en était rouge d'indignation.

LA FRANCE DU TOUR

LES VIGNES DES SEIGNEURS

Libourne, 9 juillet 1992 – Les vignes commencent tout de suite aux portes de Libourne. Il y avait encore de la rosée quand la première équipe a pris le départ du contre-la-montre par équipes. Les villages pavoisés avaient mobilisé leur fanfare pour une kermesse matinale. Après Coutras, on touchait presque à la Dordogne, avant de replonger dans la Gironde vers Guitres, où je me suis arrêté pour déjeuner. Un buffet champêtre était dressé sur la place. Jambon du pays, rillettes d'oies et un verre de Pomerol, deux...

– Non merci, monsieur, pas trois.

– Allez, vous n'en trouverez pas au Canada du comme ça.

Ils m'ont expliqué que ce n'était pas un vrai Pomerol. Tous les grands crus font, paraît-il, un deuxième vin, pas aussi bien mais presque... Vous leur raconterez que vous avez bu un Pomerol « en second », ils seront impressionnés.

LA LANGUE DU TOUR

Bar-sur-Aube, 10 juillet 1992 – Le cyclisme a toujours été un sport « à écrire ». Une bénédiction pour les journalistes, pas toujours pour la littérature. Voici quelques perles relevées dans la presse tant nationale que régionale, depuis le début du Tour (1992).

Parlant de la foule à San Sebastian : « Les jeunes filles pressent leur sein de lait contre les barrières... »

Dans un portrait de Miguel Indurain : « Avant d'être un champion cycliste, Indurain a été un petit garçon. » Eh oui. Et avant d'être un petit garçon, il a été un petit spermatozoïde qui avait déjà le maillot jaune, je suppose.

De l'étape Pau-Bordeaux : « Un parcours plat comme le ventre d'une vierge. » Si je me souviens bien des vierges que j'ai connues il y a longtemps (très, très longtemps, en fait), elles avaient le ventre légèrement bombé, mais c'était émouvant aussi.

De la route défoncée du col de Marie-Blanque : « Cette route ancienne, blessée de plaies telle l'échine d'un vieux sanglier ! » Imaginez le même gars vous décrivant un petit enfant qui meurt.

Moi aussi. Je sais. Il m'arrive de vous en pousser des pas pires... C'est le vélo. On ne trouve pas toujours le bon braquet pour monter la côte difficile de la littérature...

ON N'A PAS PARLÉ DU TOUR

Bar-sur-Aube, 11 juillet 1992 – J'ai travaillé ici, dans une imprimerie quand j'étais petit. Enfin, petit, 18 ans c'est petit ? Ce matin, je suis allé rouler dans la campagne autour de Bar. Les villages endormis, Thors, Thil, Lévigny, Doulevant-le-Château, cette France confinée, presque confite dans sa routine, que les touristes ne soupçonnent pas, pressés qu'ils sont de courir où les envoie leur guide *Michelin*. Sur les coteaux, les balles de foin semblent alignées pour une course. Les blés sont déjà jaunes, les raisins des vignes, en grains. Deux chevreuils sont tranquillement sortis d'une futaie pour entrer dans un champ de tournesols. Ils sont plus grands que chez nous, avec des bois impressionnants.

À midi, on s'est fait une bouffe de vieux copains. On était cinq anciens typographes. Trois sont toujours dans la région. Hubert est proprio d'une grande imprimerie. Toto est pdg de *L'Yonne Républicaine,* un petit quotidien régional. Simon est à la retraite dans un des villages où je suis passé ce matin. Un autre travaille à Paris, à *France Soir,* comme typo toujours...

— « Claviériste », excuse. C'est vrai, il n'y a plus de typos. On a été les derniers.

Ils auraient voulu que je leur parle du Canada, mais je n'en avais vraiment pas envie. On a mangé un petit salé aux lentilles en se rappelant celui qu'on allait bouffer chaque Vendredi saint, exprès pour déplaire au bon Dieu. Ils ont parlé vins, Hubert est aussi vigneron. On a parlé de cul. Celui de la Monique, dont je ne me rappelais plus. Mais si, elle travaillait à l'encartage en bas, une rousse. Une rousse ? Ça s'peut pas. Je me souviens de toutes les rousses de ma vie, j'ai pas oublié un seul picot...

— Allez les gars, soyez gentils, parlez-moi un peu du Tour de France.

— Tu nous as toujours pompé l'air avec le sport, tu te rappelles ? Le basket et tout ça...

— C'est le meilleur truc que j'ai trouvé pour ne pas penser à la mort...

— Parce que tu penses à la mort ?

— Tout le temps.

Ils se sont mis à rire, gênés comme si je venais de leur avouer que j'étais pédé. Ils ont recommandé deux bouteilles de Senez, un rouge qu'il faut boire bien frais, il paraît. Il est fait juste à côté d'ici.

BONHEUR SANS OBJET

Audun-le-Tiche, 12 juillet 1992 – Je n'ai pas trouvé de chambre à Luxembourg. Le Tour y a réquisitionné jusqu'au dernier lit. Comme chaque soir, la caravane devra s'épivarder dans un rayon de 20, voire de 30 kilomètres. J'ai trouvé pas trop loin, à Audun-le-Tiche, en France, à trois kilomètres de la frontière du Grand-Duché.

On est ici dans le pays minier de Haute-Lorraine. Les villages se distendent interminablement le long de leur rue principale, qui est aussi la route nationale. La campagne roule ses balles de foin jusqu'au pied des usines. Il pleut un crachin si triste qu'on dirait qu'il tombe de l'ennui. J'ai sorti mon vélo, juste un petit tour pour me déplier les os après quatre heures d'auto. Dieu que je déteste conduire.

Une présence dans ma roue. Tiens, le facteur ! Bonjour, facteur ! Comme tous les facteurs de France, il portait une bien jolie casquette bleue à parements jaunes. Il roulait sur un vélo de fille, deux sacoches en plastique à l'arrière, une grosse en toile à l'avant, pendue à ses guidons. Et deux musettes passées autour des épaules...

— Votre courrier va se mouiller, facteur.

— Pas de danger. C'est tout imperméable. En plus, j'ai une petite poche spéciale pour les chèques et les recommandés.

— Y a-t-il encore beaucoup de facteurs à pédales, en France ?

— Plein. Mais on n'est pas obligés. On peut à pied, ou en auto. Moi, le vélo, j'aime bien...

— Irez-vous voir le Tour de France, lundi, à Luxembourg ?

— Je crois pas. Je vais plutôt le regarder à la télé...

Il a mis pied à terre devant la boucherie dont la porte était ouverte. Par-dessus la tête des clients, il a lancé : « Vous n'oubliez pas mes petites grillades, madame Goffinet ? »

— C'est déjà fait, facteur. Passez quand vous voulez.

Il est reparti, ses musettes bringuebalant dans son dos. Il y a des images comme ça qui donnent envie de faire le tour de la France tout doucement, plutôt que, très vite, le Tour de France.

SIMPLICITÉ VOLONTAIRE

La Bourboule, 22 juillet 1992 – L'arrivée d'hier était jugée sur le plateau de Charlannes, qui domine la station thermale de La Bourboule, cinq kilomètres de montée presque douce.

L'Auvergne est une de régions de France que je préfère,

pour sa simplicité. L'Auvergne n'a longtemps été que « thermale ». On venait y soigner son asthme, ses rhumatismes. Quand les cures n'ont plus été remboursées par la Sécurité sociale, l'Auvergne s'est éteinte comme ses volcans. Elle renaît en se convertissant au tourisme « vert ». Le magnifique Parc naturel régional des volcans est un modèle de préservation et d'aménagement intelligent. Les petites villes comme La Bourboule, Le Mont-Dore, Saint-Nectaire, Champeix, sont autant de preuves qu'il est possible de vivre du tourisme sans devenir débile.

Évidemment, les développeurs voudraient plus, voudraient qu'on ouvre le Parc des volcans à leurs bulldozers. Ils ont déjà obtenu qu'on les laisse construire des terrains de golf. L'arrivée de l'étape d'hier était d'ailleurs jugée dans le stationnement d'un terrain de golf. Les Français sont en train de capoter sur le golf. Pas à la portée du Français moyen, le golf, et c'est bien pour ça que ça pogne autant ; qui veut être moyen ? Surtout pas le Français.

LAPIN FROID

Senonches, 8 juillet 1993 – Il est possible de traverser le Perche sans s'en apercevoir. Des routes confidentielles qui mènent à des paysages en demi-teintes, un secret encore bien gardé à une heure et demie de Paris. J'ignorais tout du Perche et n'y serais jamais venu si les coureurs du Tour de France ne faisaient étape ce soir à Evreux, pas très loin d'ici.

À Tourouvre-au-Perche, le lierre court sur la pierre jaune des maisons bourgeoises. Dans sa vitrine, le charcutier se pète fièrement les bretelles : « JF Riguet, champion de France du plat de tripes et du lapin froid ». C'est en face, à l'église Saint-Aubin, que furent baptisés Mathurin Gagnon, son frère Jean et sa sœur Marguerite, qui sont allés tous trois s'établir au Canada vers 1640. Les aïeux de tous les Gagnon que vous connaissez.

C'est de Mortagne-au-Perche, la ville voisine jumelée à Boucherville, que sont partis pour le Québec, en 1622, Gaspard Boucher, maître menuisier, sa femme Nicole Lemaire et leurs cinq enfants, dont Pierre, qui deviendra seigneur de Boucherville. C'est des villages alentour, Marchainville, Loisail, Mauves-sur-Huisse, La Ventrouze, La Ferté-Vidame, que sont partis les premiers Giroux, Morin, Pelletier, Maheu, Trudel, Giffard, Lefebvre, Aubin, Turgeon... 250 aventuriers qui sont aujourd'hui un million et demi au Québec. Pas si froids les lapins du pays, finalement. En pédalant cette campagne tout alanguie dans les bras de ses rivières, une question vient forcément : dites-moi, les Gagnon, les Pelletier, les Trudel, que vous a-t-il pris de troquer tant de douceur pour quelques champs de neige ?

À l'auberge La pomme de pin où je loge, à Senonches, j'ai soupé avec Pierre et Monique Turgeon, de Rimouski, venus déterrer leurs racines. À la sortie du hameau de Réveillon, ils ont retrouvé la maison où leur ancêtre Turgeon est revenu mourir après avoir fait souche en Nouvelle-France. Une petite maison basse qui sert aujourd'hui de cave à vin, plus de 350 ans et toujours vaillamment debout, sans entretien particulier. C'est dire combien vos pères, ces gueux sans avenir, bâtissaient pour l'éternité.

CANADA DIRECT

Amiens, 10 juillet 1993 – Il fut un temps où le téléphone était la honte de la France. Aujourd'hui, le téléphone, c'est le truc qui marche le mieux en France. Vous joignez le Canada comme ça, n'importe où, d'une cabine dans la rue. Canada direct, bonjour...

Il suffit d'entrer dans un bistrot et de commander un café ou une eau minérale. Ah si, quand même, il faut commander un petit quelque chose. Une fois, j'étais pressé, je suis allé directement au téléphone. Le garçon m'a arrêté au vol :

– Eh, ho, où on va comme ça ?

— Téléphoner...

— C'est pas les PTT ici...

Le téléphone ne fait plus honte à la France, mais les garçons de café, encore un peu.

Au Bar Iton (le baryton!), d'où j'ai envoyé mon texte d'hier, le téléphone était posé sur une tablette, à l'entresol, sur le faux palier qui donne accès aux vécés. La France a gardé de l'époque où elle avait honte de son téléphone l'habitude de le cacher dans les recoins les plus invraisemblables. J'installe donc mes choses à la porte des vécés, l'ordinateur dans le lavabo, et les coupleurs sur une chaise que j'ai traînée jusque-là... Sauf que mon installation empêche les gens d'aller pisser. Arrive un monsieur qui s'informe gentiment en se dandinant :

— Vous en avez pour longtemps?

— Dix minutes environ.

— C'est un fax, votre truc?

— Non, un petit ordinateur, j'envoie un texte au Canada...

— Ça marche, là?

— Très bien, regardez, on voit le texte défiler...

— Ah ben, dis donc! Au Canada...

Note J'utilisais à l'époque l'ancêtre des ordis, le TRS-80 de Radio Shack, qui fonctionnait à coupleurs. J'ai l'impression de vous parler du Moyen Âge, c'était pourtant en 1993. Maintenant, j'envoie mes textes sans sortir de la voiture en ploguant mon ordi directement dans le cellulaire.

SUR LE POUCE

Verdun, 12 juillet 1993 – Une simple salade de tomates avec un peu de persil. C'était en Champagne. À Vertus. La dame de la pension, qui ne m'attendait pas si tard, se désolait de n'avoir à m'offrir que cette salade. « A-t-on idée d'arriver si tard. Et qu'allez-vous boire avec ça? Allez, une coupe de champagne, c'est la coutume de la maison. » Elle me servit.

— Vous aimez?

– J'aime les bubulles...

– Alors, si je vous avais servi de la pisse de chat avec des bubulles, comme vous dites ? Ne vous inquiétez pas. C'est un honnête champagne. Il vient de Bergères-les-Vertus, au pied de la Côte des Blancs. Je connais les propriétaires, ils habitent au bout de la rue.

Et il y eut quand même un dessert. Cela lui est revenu tout à coup, elle avait quelque part de la confiture de groseilles. « Elles sont épépinées à la plume d'oie, et confites dans leur sirop, avez-vous déjà goûté ? »

Tous les matins, madame. Sauf que chez nous, les groseilles sont épépinées à la plume de castor. C'est la seule différence.

LA GOUTTE D'EAU

Grenoble, 15 juillet 1993 – J'ai trouvé Grenoble moche en cette veillée du 14 juillet. Ville chouchoute des défunts socialistes, il y flottait un peu de notre morosité postréférendaire.

Au modeste hôtel des Colibris, le couvre-lit fuchsia acheva de me grisouiller l'âme. Mais j'ai un truc contre les coups de grisouille : mon vélo.

La montagne de Lans, où les coureurs du Tour de France passaient leur journée de repos, vient mourir sur la rive de l'Isère dans les faubourgs de Grenoble. La petite route, qui s'élève tout de suite en lacets sévères, était envahie par les cyclos et les coureurs du Tour qui s'y dérouillaient les jambes en petits groupes joyeux.

À Lans-en-Vercors (jumelée à notre Saint-Donat), il y avait une fête foraine. La grosse femme qui vendait des gaufres n'arrêtait pas de s'essuyer entre les seins avec un torchon. « Avec du sucre ? » m'a-t-elle demandé. Un sein au sucre ? À tout hasard, j'ai répondu « nature ».

À Saint-Nizier, devant l'hôtel des Alpes, les frères Indurain, Miguel et Prudencio, répondaient à une entrevue de la radio espagnole. De Saint-Nizier, la route plonge sur

Grenoble, 13 kilomètres de descente sous les châtaigniers. J'ai trouvé Grenoble moins moche qu'en montant. Dans le petit parc où je me suis arrêté pour manger ma pâte de fruits, une vieille sur un banc tenait une chatte grise en laisse. J'ai caressé la chatte. J'ai parlé un peu avec la vieille jusqu'à ce qu'elle se lève : « Bon, je vais aller éplucher les légumes pour la soupe. »

Elle est partie à petits pas en tirant son chat.

Chez elle, il y a un buffet à deux étages, avec des petits rideaux dans les vitres du haut. Il y a un calendrier des PTT sur le mur. Elle épluche ses légumes sur un journal déplié. La chatte ronronne sur ses genoux. La goutte qui goutte du robinet mal fermé humecte le silence.

FAUSSE RÉPUTATION

Isola, 16 juillet 1993 – L'autre nuit, dans la très drabe ville de Toul (Lorraine), je me suis retrouvé en panne sèche ou presque. Les pompistes étaient fermés sauf un, où j'aurais pu faire le plein avec une carte de crédit. Je n'avais pas la bonne. Je finis par arrêter une auto. Un jeune homme. Je lui explique. « Vous me faites le plein, je vous rembourse en cash. » Il n'avait pas de carte. « Mais ma mère en a une ! » Il est allé chercher sa mère. La dame est venue me dépanner.

Il faut le redire, les Français sont généralement d'une grande civilité.

APPELLATION CONTRÔLÉE

Isola, 16 juillet 1993 – « Mais ce sont des myrtilles ! » s'exclament les Français, en visite au lac Saint-Jean, quand on leur montre des bleuets. Ils y goûtent, font un peu la gueule parce que c'est pâteux, et reviennent sur ce qu'ils ont dit : « Non, ce ne sont pas des myrtilles. »

Ils ont planté de ces myrtilles qui n'en sont pas, dans les Vosges (petites montagnes du nord-est, que le Tour traversait hier). Leur première récolte cette année. Au marché, sur les petites ardoises, c'est écrit : BLEUET, myrtille d'Amérique...

Dis-moi, Réjean (Tremblay), comment préfères-tu que je t'appelle ? Le bleuet céleste ? La myrtille mirobolante ? Ou crisse de mongol, comme d'habitude ?

MARSEILLE, LA HONTE

Marseille, 17 juillet 1993 – La France a toujours eu honte de Marseille, pour la plus mauvaise raison du monde d'ailleurs : Marseille est métèque. Marseille l'arriérée. Comme Naples incapable de sortir de ses ruelles, de changer de siècle. Dans son port qui a fait sa fortune et sa culture, il n'arrive plus rien. Les bateaux vont à Gênes et surtout à Barcelone. Marseille qui pue, qui triche, qui vole, qui trafique, qui ment tout le temps.

Mais j'aime Marseille.

J'y suis né à 18 ans, du ventre de la rue. Je suis arrivé à Marseille à 18 ans, un matin, par le train, avec mes outils de typographe et rien d'autre. J'ai descendu la Canebière, j'ai tourné à gauche vers l'Opéra. Je cherchais un hôtel. J'ai vu l'enseigne du journal *Le Provençal*. Je suis entré.

— Je suis typo, vous avez du travail ?

— Tu tombes bien, on a besoin de quelqu'un « aux titres ». Tu commences ce soir.

— Je cherche aussi un hôtel...

— Alors tu vas au Chambord, à côté. Rue Glandevès. C'est un hôtel de putes, mais tu seras bien.

J'ai fait les titres du *Provençal* pendant un an. J'ai toujours habité le Chambord. Je connaissais toutes les putes de l'Opéra par leur faux prénom. Quand je rentrais, elles se tassaient en riant dans l'entrée. Parfois elles m'empruntaient de l'argent, de toutes petites sommes, qu'elles oubliaient de me rendre. Elles m'appelaient « le minot » (l'enfant). Elles me racontaient des histoires incroyables de clients tordus qui arrivaient avec des chiens. Je n'ai couché avec aucune, j'étais tombé amoureux d'une marchande de sandwichs de la rue Sainte, j'étais fidèle.

En sortant du journal, à minuit, j'allais jouer aux cartes avec les pêcheurs, au Bar du Canal, cours Estienne-d'Orves. Le jour levé, j'allais boire mon café à la terrasse. L'arroseuse passait, lavant la rue à grande eau. Pour une heure ou deux, Marseille ne sentait plus la pisse, mais la mer.

Hier matin, je suis revenu à Marseille. J'ai descendu la Canebière, j'ai tourné à gauche vers l'Opéra. Je cherchais un hôtel, je n'ai pas vu l'enseigne du journal *Le Provençal*. Il a déménagé. Il y a une épicerie à la place. Et l'hôtel Chambord s'est embourgeoisé en condos.

Le reste est comme avant. Je me croyais dans un vieux film. Rue Corneille, au Bar de l'Opéra, des maquereaux de cinéma, avec des lunettes de soleil, lisaient le journal. Au marché Cours Belsunce, c'était la foire annuelle des aulx.

— Vous le saviez, que l'ail rouge de Provence guérit toutes les maladies ?

— Même le cancer du côlon ?

— Pôvre de vous, vous n'avez pas le cancereu du colongue ?

LA MÉLANCOLIE

Perpignan, 19 juillet 1993 – Bon alors, vous, vous la prenez cette chambre ? Je vous le dis, elle est petite, et de fenêtre, y en a pas de fenêtre. Fallait venir hier. Hier, j'étais vide ; aujourd'hui, avec le Tour de France...

Entre Perpignan et Narbonne, dans les vignobles des Corbières, qui donne un médiocre vin de table, Sigean est une de ces petites villes comme il y en a des dizaines en France, rien à voir, rien à faire. Au boulodrome, les joueurs de pétanque n'avaient rien à dire. Le vent chaud de la garrigue et celui, plus frais, de la mer descendaient ensemble la rue principale, écornant les journaux des buveurs, aux terrasses du Miami, de la Rotonde et du Madison, les trois bars de la ville.

Dans une ruelle du vieux quartier médiéval, une chatte blanche efflanquée miaulait à fendre le cœur, au pied de deux vieilles assises devant leur porte...

— Elle meurt de faim, votre chatte !

— Mais non, elle n'a pas faingue, elle cherche ses petits.

— Et où ils sont ?

— Je les ai tués ce matingue !

Place de La Libération, sur une affiche, la tête de garçonne de Fabienne Thibault. L'affiche disait qu'elle chanterait à Sigean le 21 juillet, aux jardins publics, à 21 h 15. Je n'ai pas réussi à me souvenir d'une seule chanson de Fabienne. C'est une chanson de Ferré qui m'est venue à la place ; c'est quelquefois rien, c'est quelquefois trop, la mélancolie.

À l'hôtel, l'hôtelier rouspétait encore.

— Juillet a été misérable. La mort. L'Anglais ne vient plus parce qu'il est dévalué. L'Allemand est trop taxé. Et le Hollandais, c'est un campeur, j'aime autant ne pas le voir. Il vient manger le plat du jour, il ne prend ni café ni vin, et il se bourre les poches de pain.

— Et les Français ?

— Les Français ne vont pas à l'hôtel, monsieur ! Ils vont dans la famille, où ils se louent un cabanon à 18. Ça les déshonorerait d'aller à l'hôtel. Si vous rencontrez un Français dans un hôtel français, touchez-le, il vous portera bonheur...

L'ESPACE HUMAIN

Montgeron, 24 juillet 1993 – Ne cherchez pas Montgeron sur une carte de la France. C'est rien. Deux carrefours au sud de l'aéroport d'Orly. Sur la façade du Réveil-Matin, une plaque indique que c'est ici qu'a été donné le départ de la première étape du premier Tour de France. Ce jour-là, le 1er juillet 1903, il faisait une chaleur insupportable, les élégantes sirotaient des menthes glacées dans l'arrière-salle, un gendarme à cheval était descendu de Villeneuve Saint-Georges pour prêter main-forte au garde champêtre de Montgeron. Les coureurs mêlés à la foule épinglaient leur dossard et vérifiaient une dernière fois leur monture. Mais vérifier quoi ? Leur vélo à guidon droit n'avait ni dérailleur, ni freins, ni cale-pieds.

Henri Desgranges a appelé les coureurs : Messieurs, on y va ! Ils étaient 60, c'était le 1er juillet 1903, je l'ai dit. Ils furent tout de suite dans les vergers. Ils ont traversé les villages de Corbeil, Melun, Barbizon, parfois une poule effarouchée venait se jeter dans leurs roues. Parfois ils longeaient la Seine.

Ce matin, la dernière étape du Tour partira encore du Réveil-Matin. Quand les coureurs s'élanceront, ils seront tout de suite sous un ciel plus abruti qu'un ciel du New Jersey. Ils longeront des stationnements, des galeries marchandes, des tours d'habitation où des humains vivent comme des lapins. Ils traverseront des cités d'exclusion. Si j'étais le directeur du Tour, je leur ferais porter un brassard noir pour porter le deuil de l'espace humain.

PARIS, C'EST FINI
Paris, 26 juillet 1993

— Le Tour de France, grimaça le jeune homme, mais c'est immonde !

— Immonde ?

— Nullissime.

Le sport branché à Paris en ce moment, c'est le streetball (le basketball de rue). Le jeune homme (le fils d'un ami) y joue dans la cour d'une école. On flippe vraiment, tu vois ?

— Je vois. Comme à New York. Sauf qu'à New York ce n'est pas branché. C'est normal.

— Qu'est-ce qui est branché à New York ?

— Le vélo.

Il ne fallait pas chercher des Parisiens à Paris hier pour l'arrivée du Tour de France sur les Champs-Élysées. De l'Espagnol, du Teuton, du Batave, du Belge, de l'Helvète, du Spaghette et tout Trifouilly-les-oies, mais de Parisiens, mon vieux, pas la queue d'un.

– M. Foglia ! Je disais justement à Christiane ce matin que vous deviez être ici...

Et des Québécois. Christiane, attachée de presse d'un député fédéral des Laurentides, et Maurice, prof d'électronique au cégep de Saint-Jérôme. Ils campent au Bois-de-Boulogne, à deux pas. Il s'est mis à pleuvoir très fort, et on est partis chacun de notre côté en courant. Christiane a juste eu le temps de me lancer : « On rentre demain, on s'en va préparer les élections. »

Merde, c'est vrai, les élections...

GROS SABOTS

Lannion, 4 juillet 1995 – Rue Roger-Barbé, à Lannion, en Bretagne (une plaque nous dit que Roger Barbé a été fusillé par les Allemands le 4 août 1941), un fermier qui vendait des poulets vivants parlait breton avec une cliente.

– Est-ce vrai qu'il était interdit de parler breton, ici, avant la guerre ?

– Sûr, a dit le fermier. Quand j'étais petit, à l'école, quand on nous surprenait à parler breton, on nous attachait un sabot autour du cou, on le gardait toute la journée et, pour l'enlever, on devait dénoncer un petit camarade avec qui on avait déjà parlé breton.

Je me demande comment on dit loi 101 en bas breton ?

LAIT CRU

Camembert, 6 juillet 1995 – Camembert, deux kilomètres, disait le panneau. L'émotion m'a pogné comme elle pogne le musulman à deux kilomètres de La Mecque. Excusez la comparaison, mais un bon camembert moulé « allah louche » est aussi une forme du grandiose. À force de plonger dans les vallons du bocage normand, la route du Tour m'avait creusé une petite faim. J'avais tout mon temps ; loin derrière, les coureurs faisaient comme moi : du tourisme.

Le village est minuscule, une mairie, une école (fermée), une église (le curé est mort, on ne l'a pas remplacé), 185 habitants, voilà Camembert.

Un vieux monsieur qui taillait sa haie à l'entrée du village m'a tout raconté. Il y a d'abord eu ce curé qui fuyait la révolution et vint se réfugier chez une certaine Marie Harel dont la maison est encore debout. Goûtez donc à mon fromage, M. le curé. Le curé trouva le fromage de Marie si mauvais qu'il entreprit de l'améliorer. Il découvrit entre autres le secret de la présure, ce truc dans l'estomac des veaux qui fait cailler le lait. La renommée du nouveau fromage s'étendit aux villages voisins et jusqu'à Paris. Le fromage de Camembert était devenu du camembert.

En 1921, Joseph Knirim, un médecin américain, débarque à Camembert en se confondant en remerciements devant les villageois éberlués : dans sa clinique de Philadelphie, il soigne, avec succès, les ulcères d'estomac de ses patients en leur faisant manger du camembert. On s'en étonne moins depuis qu'on sait qu'il y a du pénicillium dans le fromage. Bref, le médecin américain a fait ériger à Marie Harel la stèle que l'on trouve à l'entrée du village.

L'ironie de la chose, c'est qu'aujourd'hui les camemberts au lait cru sont interdits aux États-Unis. Et, bien entendu, les fromages au lait pasteurisé que mangent les Américains, les Canadiens et de plus en plus de Français sont bien incapables de guérir un bouton sur le nez.

SAMBRE ET MEUSE

Belgique, 8 et 10 juillet 1995 – J'avais besoin d'un adaptateur pour mon ordi, et me voilà à la téléboutique de la Belgacom, à Charleroi. Devant moi, une dizaine de clients mobilisaient le personnel disponible, se faisaient expliquer ceci et cela, les explications s'éternisaient, je me suis tanné, je suis passé devant tout le monde : « Excusez-moi, je suis pressé, c'est juste pour payer ce machin. »

Le caissier m'a servi. Personne n'a dit un mot. Tout le monde regardait ailleurs. Je me suis dit : il y en a bien un qui va se mettre à siffler... Il y a deux sortes de Belges, disait un humoriste (Desproges) : les Wallons, qui sont assez proches de l'Homme, et les Flamands, qui sont assez proches de la Hollande. À moi ils m'ont semblé tous de la même sorte : pas pressés et d'une grande civilité.

— Cela vous dérange ces histoires belges que l'on raconte en France et ailleurs ?

— Cela m'indiffère, m'a dit le chef de presse à l'étape de Charleroi.

— Mais pourquoi les Belges ?

— Parce que c'est facile. Nous ne sommes pas Noirs, pas Juifs, pas pauvres. Se moquer des Belges, c'est un peu se moquer de soi-même, sans avoir assez d'humour pour se moquer vraiment de soi-même.

Le Tour a traversé les Flandres hier matin, puis la Wallonie en longeant la Sambre, du côté de Tournai, Belœil, Mons. Il y a quelque chose de figé dans le décor sans que l'on sache si ce sont les gens ou les choses ou le temps. On pense aux petites villes d'Anne Hébert, l'écho de leur silence est lourd...

En chemin vers Liège, un panneau publicitaire annonçait : « Enfin, 3 préservatifs pour 20 francs. » Pourquoi enfin ? Était-ce si cher avant ? Il y a dans ce « enfin » un soupir de soulagement qui ne laisse pas de m'intriguer. C'est donc cela la misère sexuelle : être trop pauvre pour s'acheter trois capotes d'un coup ?

La dame de la binerie où j'ai dîné était allée au Canada. « Qu'est-ce qu'elles sont mauvaises les frites chez vous, au Canada ! Mon mari a été malade. Hein, Herman, t'as été malade ? Mais on a eu bien du plaisir avec notre groupe quand même. Un bon groupe, hein, Herman ? Un soir, on a mangé du wipati.

– Du wapiti peut-être ?

– Enfin, une sorte de buffle avec des cornes aphrodisia-
ques, paraît-il. Herman a demandé au guide si la corne, il
fallait se la mettre dans le derrière pour que cela fasse effet.
Hein, Herman, qu'est-ce qu'on a ri.

Je voyais la Belgique comme une grande usine, des hauts
fourneaux, des cheminées, des aciéries, un univers métal-
lisé, des forêts de pylônes. C'est bien comme ça. L'entrée
dans Liège est un cauchemar haute tension. Les pêcheurs à
la ligne des bords de Meuse prennent des poissons déjà fu-
més. Mais la Belgique, c'est aussi une campagne bien pei-
gnée, bien découpée, où on devine le souci de ne pas perdre
la moindre parcelle de terrain. Dans les prés, il y a des vaches bleues. On les appelle d'ailleurs les « Blanc-Bleu ». Pas
bleu azur, bien sûr. Bleu tirant sur le violet. Comme des
bleuets du lac Saint-Jean, mais beaucoup plus gros. Des
bleuets avec des cornes qui font meuh.

JE NE SUIS PAS ENCEINTE

Bollène, 15 juillet 1995 – Bollène, ses toits de tuiles rondes,
les berges du Lez. La géographie particulière de ses ruelles
qui deviennent torrents quand le Lez déborde. Place de la
Mairie, les bains-douches municipaux, emblème de l'hy-
giène républicaine. Trois francs. Maximum 20 minutes. Il
est strictement interdit de fumer, de cracher, de se moucher
dans la douche. Et cet encadré vengeur : « Celui qui a fait
ses besoins dans la douche des handicapés a été reconnu. Il
sera puni. Signé : La Direction. »

– Combien de clients aujourd'hui, madame ?

– Dix-sept. Tous Arabes.

C'était le 14 juillet hier. Chirac s'est adressé aux Français,
il leur a parlé de la grandeur de la France. À Bollène, la grandeur de la France ne saute pas aux yeux. Ce qu'il y a de plus
grand à Bollène, ce sont les grandes surfaces, des épiceries
tellement immenses qu'on les nomme Continent, Géant,

Mammouth. Au Continent, il y a 43 caisses. Dont une pour les femmes enceintes.

— Et alors, vous êtes enceinte, vous ?

— Hon, s'cusez.

GRAND REPORTER, GRANDE ADDITION

Revel, 16 juillet 1995 – Les journalistes ont mal digéré les notes d'hôtel exorbitantes de l'Alpe d'Huez. Ils en parlent encore trois jours après. Prix moyen de la chambre dans ce haut-lieu du crétinisme ludique : 250 $. Certains ont payé jusqu'à 500 $ pour un appartement à deux, plus une taxe de séjour de 60 $!

Mes confrères n'en reviennent pas quand je leur dis que j'ai payé 55 $. Pas là-haut évidemment. Chez des gens, dans la vallée. À Dunkerque, je me présente à la réception d'un hôtel en même temps qu'un Hollandais. Reste une grande chambre. On décide de la partager. « Cent quarante-cinq dollars chacun », dit l'hôtelier. Pas pour moi, merci. Et je décrisse. Le lendemain, le Hollandais me dit : « Tu sais, c'était trop cher pour moi aussi. Mais j'ose pas dire non. »

— Ben, c'est ça, payez ! Grand reporter, grande addition.

BRAVES BÊTES

Revel, 16 juillet 1995 – Les hélicos de la télé ont fait peur aux vaches. Elles ont sauté les fossés et se retrouvent sur la route du Tour. Le gendarme s'énerve : « Vite, vite, les coureurs s'en viennent ! » Le paysan tente de repousser ses vaches vers le champ avec un long bâton. « Vite, vite ! » s'impatiente le flic.

Le paysan se tanne : « Ça ne sert à rien de les bousculer. Ce sont des bêtes, pas des manifestants. »

TIENS, VOILÀ LE FACTEUR

Revel, 16 juillet 1995 – Le Tour, c'est aussi un village avec un restaurant, une banque et un bureau de poste. Au Tour, on peut recevoir du courrier. Le facteur (à vélo, bien sûr) distribue les lettres aux coureurs avant le départ. Indurain reçoit une cinquantaine de lettres par jour, Poulidor encore deux ou trois, et le Lituanien Arvis Piziks, de l'équipe Novell, jamais une tabarnak. J'ai décidé de le surprendre :

« Mon cher Arvis, je vois ici dans le grand livre des coureurs que tu joues de la clarinette. Ma question s'adresse donc au musicien en toi : si Mozart avait fait du vélo, penses-tu qu'il aurait battu Indurain ? Penses-y. Il n'y a rien qui presse. On se faxe, on se fait une bouffe quand t'as le temps. »

LIMOUSIN

Rouen, 5 juillet 1997 – Pâtes fraîches aux gésiers confits de canard. N'allez pas vous imaginer un truc super flyé. Des pâtes, des gésiers finement tranchés, du persil. Et voilà. Il y avait aussi du gruyère, mais ce n'était pas une bonne idée.

On a soupé dehors. Une cour de ferme, ouverte sur une prairie où des bœufs limousins faisaient tinter leur cloche. Un gros chien nono et deux minous noirs tournent autour de la table où nous dînons. L'hôtesse vient de poser sur la table un pot de petits fromages de brebis qui baignent dans l'huile.

J'allais oublier la musique, celle que nous joue du fond de sa gorge un crapaud accoucheur. Je vous vois étonné. C'est une sorte de crapaud qui vit dans les interstices des pierres des vieilles maisons. La femelle pond ses œufs sur le dos du mâle, où vont naître les bébés. C'est lui qui chante. Si j'habitais ici à l'année, j'y dirais de fermer sa gueule, mais un soir en passant...

J'ai trouvé ce coin de paradis à 20 kilomètres de Limoges. Nous sommes dans le Limousin, plus précisément en Haute-Vienne. Et la Creuse, sa voisine, est tout aussi belle. Fais du feu.

Rouen grelotte. Le garçon du café des Halles m'avait pré-
venu : « Chef, vous allez vous les geler en terrasse. » Je
prends mon café place du Vieux-Marché où ils ont brûlé
Jeanne d'Arc. D'où je suis assis, je peux lire la pancarte qui
dit : « Ici a été brûlée vive Jeanne d'Arc le 30 mai 1431. »

— Garçon ?

— Oui, chef ?

— Cessez de m'appeler chef. Je ne sais plus ce que j'allais
vous dire... Ah oui, j'allais vous dire qu'une autre petite flam-
bée nous ferait du bien à tous...

— Vous êtes un marrant, chef.

Ce n'était pas l'avis, un peu plus tôt, de la caissière, au
péage de l'autoroute. Je voulais la payer avec un billet de
500 francs d'un ancien voyage en France.

— Ces billets ne sont plus en circulation, monsieur.

— C'est que je n'ai rien d'autre, madame.

— Oh la la, vous n'êtes pas marrant, vous !

Je lui ai tout raconté. Montréal, Roissy, le Tour de
France... Alors, comme elle ne pouvait plus m'engueuler,
elle s'est mise à engueuler les automobilistes qui klaxon-
naient derrière :

— Monsieur est Canadien, c'est pas sa faute !

Ah ça, madame, pouvez en être sûre, ce n'est pas ma
faute.

LE GRAND PARKING
Saint-Valéry-en-Caux, 8 juillet 1997 – Je croise parfois
Timothée chez des amis à Frelighsburg. Un amour de petit
garçon avec une comique assurance qui lui donne l'air d'un
notaire miniature. La phrase de Timothée, c'est : « Très certainement. »

— Tu viens au lac avec nous, Timothée ?

— Très certainement.

— Tu vas nous écrire quand tu seras rentré en France ?

— Très certainement.

Timothée passe ses étés au Québec chez son papa, mais il habite en France chez sa maman, à Saint-Valéry-en-Caux où je suis maintenant.

– Hey, Timo, comment c'est, Saint-Valéry ? Le Tour y passe cette année. Parle-moi de ton patelin...

– Ben, y a une place, y a une plage, y a aussi un grand parking...

– Pas un grand parking ! J'adore les grands parkings. Quoi d'autre ?

– Ben, y a ma maman rue Saint-Léger. Tu veux son numéro ? Elle s'appelle Edwige.

Je suis donc arrivé à Saint-Valéry hier matin. J'ai trouvé le grand parking à côté de la place, exactement comme Timothée m'avait dit. Magnifique parking, désert à cette heure matinale, tourné vers la mer, son asphalte bleuissant lavé de frais par les embruns matinaux.

Sans te faire de reproche, Timothée, tu aurais dû me parler aussi de la centrale nucléaire qui fait vivre Saint-Valéry. Deux mille emplois, c'est pas rien pour une ville de 3 500 habitants. Tu savais que la centrale rejetait ses eaux plus ou moins radioactives dans la mer ? Et que ça attire les homards ? Si, c'est vrai. Les homards aiment bien parce que c'est de l'eau plus chaude. Sauf que ça les rend légèrement atomiques. C'est amusant, tu dis ? Si on veut. T'as déjà entendu parler de la leucémie ?

LE VIN
Angers, 10 juillet 1997 – Quand j'entends les amateurs de vin dire qu'un vin goûte la noisette, je crois qu'ils hallucinent. Allons donc ! C'est le Nutella qui goûte la noisette. Le vin goûte le vin.

Celui-là me disait que son Anjou Villages goûtait l'aubépine. Pourquoi pas le rhododendron ? C'était après Angers, tout de suite de l'autre côté de la Loire, au domaine de Montgilet, propriété des frères Victor et Vincent Lebreton. Trois générations de vignerons. Victor m'expliquait le métier : « Il faut faire souffrir la vigne... »

– Pardon ?

– Je disais que pour obtenir des raisins qui feront un grand vin, il faut que la vigne souffre. Voyez cette herbe dans le vignoble ? On la plante exprès pour embêter la vigne, pour la faire souffrir. L'herbe vole la nourriture et l'eau de surface à la vigne qui est obligée, pour se nourrir, de pousser ses racines très profond, sous le limon, jusqu'à 10 mètres dans la roche d'ardoise...

– Et en quoi cela donne-t-il un meilleur raisin ?

– Eh bien, il sera riche des sucs minéraux que les racines ont été obligées d'aller puiser au fond...

Ainsi, le vin aussi est meilleur quand il va au fond des choses.

LES CHARENTES

Brouage, 12 juillet 1997 – Marennes nous attendait avec ses huîtres. Une montagne de Fines et de Claires à l'entrée de la salle de presse. Et du blanc des Charentes pour les faire passer. Vous saviez que ces huîtres qui laissent en bouche un goût de galet et d'écume ont un cœur ? Une bouche ? Une seule oreille (la gauche) ? Vous savez bien sûr qu'elles sont vivantes quand on les mange, mais saviez-vous que, lorsque vous mettez du citron dessus, ce n'est pas à cause du citron qu'elles se rétractent, c'est parce que vous avez les ongles sales ?

– J'aurais une chambre à Brouage, c'est tout ce qui me reste. La dame du bureau de tourisme me remit un petit papier avec une adresse : Mme Chassin, 28, rue du Québec, Brouage (devant le bureau de tabac).

– Rue du Québec, vraiment ?

Je trouvai Brouage à 10 minutes de Marennes, curieuse cité quadrillée à l'américaine, née au XVIe siècle des marais salants voisins. Les bateaux qui allaient porter le sel dans toute l'Europe revenaient lestés de pierres pour mieux tenir la mer. Au bout de 100 ans, un baronnet des environs s'avisa qu'il y avait assez de pierres pour construire une citadelle. Pourquoi une citadelle en cet endroit où il n'y avait rien à défendre ? L'Homme et sa fiancée sont ainsi, les tas de pierres leur ont de tout temps inspiré l'inutile et la démesure, voyez les pyramides et les Wal-Mart.

Campé en plein marais ostréicole, Brouage est pour le touriste québécois l'occasion d'un fou rire. Enfin, moi, j'ai ri comme un fou en parcourant l'exposition permanente *Autre France* à l'église Saint-Pierre-et-Saint-Paul. On y est accueilli par cette citation de Henri Bourassa : « Ce n'est pas à des hommes d'État que nous devons notre salut, c'est à Dieu. » L'exposition insiste beaucoup sur le zèle missionnaire des « premiers Canadiens ». Ainsi ce tableau montrant les Iroquois de la paroisse de Caughnawaga « gagnés à Dieu ». Je comprends bien que « gagné » a ici le sens de « converti », mais j'ai quand même fait remarquer au curé, qui zigonnait dans ses vases à fleurs, que Dieu avait bien peu gagné d'Iroquois ; par contre, les Iroquois gagnent souvent au bingo apporté aussi par les missionnaires.

Ma chambre à Brouage était pas mal du tout. Sauf qu'il n'y avait pas de lumière dans les toilettes. C'est du moins ce que j'ai cru. L'ai-je cherché cet interrupteur ! Finalement résolu à m'exécuter dans le noir, je pousse le verrou, et yeah ! C'était ça ! La lumière s'allumait en poussant le verrou.

— Ah vous ne connaissiez pas le truc », m'a dit ce matin la petite dame amusée. Le truc. Le mot le plus français du dictionnaire. La France entière est un truc, je cherche encore lequel pour l'allumer.

En quittant Brouage ce matin, grande discussion à la radio dans mon auto. Un groupe de scientifiques se disputaient sur cette délicate question : existe-t-il un chromosome de l'intelligence ? Moi, j'en ai un. Mais c'est pas un chromosome. C'est juste un chronisome, pour chroniquer.

PAU

Pau, 14 juillet 1997 – Pau est une vieille anglaise, on y trouve des rues O'Quin, des quartiers St. Andrews, des pubs comme il n'y en a plus à Londres, un club de chasse au renard, le Pau Hunt, et, of course, un golf très vieux, le premier du continent (comprenez hors des îles britanniques). Les Anglais ont adopté et quasiment colonisé Pau au milieu du XIXe siècle, mais aujourd'hui on ne parle pas plus franglais à Pau que dans le reste de la France…

Je cherchais un resto. J'étais devant une brasserie qui avait l'air pas mal. En sort un monsieur que j'intercepte :

– C'est bien, ici ?

– Pas mal, mais quand l'addition arrive, dommage Éliane, hein !

Dommage Éliane ? Watch out. On reproche beaucoup aux Français leurs anglicismes. Moi, c'est quand ils parlent français que je ne comprends pas toujours.

Pieuvre dans son encre et ragoût de requin. Non, ce n'était pas au menu de la brasserie. C'est de la bouffe pour chats achetée au supermarché. Un cadeau pour Zézette. Une bonne chose de faite. Ne reste plus qu'à trouver un cadeau pour ma fiancée. Ça va être plus compliqué, elle n'aime pas le poisson.

PAULETTE

Saint-Étienne, 19 juillet 1997 – Un par un, les Français vont plutôt bien. Mais tous ensemble… la France va très mal. Les jeunes ! La gauche ! Les grandes surfaces ! Jospin ! Les sens giratoires ! Les Arabes ! Les grèves ! La déprime ! Bref, les Français pourraient être heureux, mais pas en France. C'était à la réception de l'hôtel pas très loin de Lyon. Paulette me rendit mon passeport…

– Vous venez du Canada ? Paraît que c'est magnifique, le Canada.

– C'est très beau.

— Pas pourri comme la France.

— Oh non.

— Vous payez beaucoup d'impôts ?

— On ne paie pas d'impôts au Canada.

— Qu'est-ce que vous pensez de la France ?

— Quel merdier !

Paulette était ravie.

CULTURE PERSONNELLE

Thonon-les-Bains (Suisse), 22 juillet 1997 – Je crois que ce qu'on appelle culture personnelle est avant tout paysage. Tous les chemins, les ciels, les cours d'écoles plantées de tilleuls, les toits d'ardoise, les facteurs qui passent à bicyclette, les façades où s'agrippe le lierre, tous ces lieux, ces odeurs, un mirabellier au fond du jardin, l'or pâle des fruits, tous ces arbres qui nous habitent depuis l'enfance et qui nous manquent soudain.

Je viens de déposer mes bagages à l'hôtel où je coucherai ce soir. C'est à Thonon-les-Bains, au bord du lac Léman, un des plus jolis lacs d'Europe, environné des plus hauts sommets des Alpes. Sous ma fenêtre, un marchand de piscines, un IKEA, j'aperçois le « M » jaune d'un McDo et, de biais, un gigantesque Monsieur Bricolage où, comme dans nos Réno-Dépôt, se mondialise le mauvais goût de « nos intérieurs ».

Dans une culture qui meurt, on dit que c'est la langue qui meurt la première. On se trompe. C'est le paysage.

LA SUISSE

Fribourg (Suisse), 23 juillet 1997 – La Suisse est bien telle qu'on la rêve, tout en vallons où gîtent des villages endormis. Tout en prairies où de curieuses Holstein tachées de rouge (c'est noir et blanc, une Holstein, bon !) se posent en reines du canton du gruyère. Fribourg est une jolie ville médiévale roulée dans la Sarine (mais non, pas dans la farine, la Sarine), une jolie ville, disais-je, qui parle français, aux ruelles étroites et aux ponts de pierres.

Les Suisses étaient hier tels qu'on ne les imagine pas : incroyablement nombreux. Tout le canton de Vaud et celui de Fribourg étaient de sortie pour voir passer le Tour.

À la fin de la journée, on était de retour en France. Comme point de mire, le clocher roman de l'église de Gueberschwihr. On a monté le Grand-Ballon en traversant des bois où rôdent « des princesses aux yeux de chevreuil » (c'est dans *Le sombre mai,* un poème de Claudel). J'y pense, jamais touriste québécois ne m'a dit revenir des Vosges. Tous reviennent de Provence et du Périgord. Tant pis pour eux.

LE GÉNÉRAL

Colombey-les-Deux-Églises, 26 juillet 1997 – Je lis dans *Le Figaro* du jour que vous avez dressé une statue au général de Gaulle sur les plaines d'Abraham ? Le hasard fait bien les choses : je suis chez le général. À Colombey-les-Deux-Églises. Je connais bien. J'ai travaillé dans une imprimerie à 16 kilomètres de là, à Bar-sur-Aube. Je croisais parfois la femme du général, Yvonne, à la pâtisserie Charollais, qui existe toujours d'ailleurs.

Qu'achète-t-elle, la femme du général, avais-je demandé jadis à la pâtissière ?

– Des brioches au beurre. Mais c'est pour lui. C'est un gourmand.

En arrivant par la route de Chaumont, on découvre Colombey ramassé sur le versant sud de la colline où l'on a planté une immense croix de Lorraine. La Boisserie, la demeure du général, est à la sortie du bourg. J'attendais un château de seigneur, je suis tombé sur une modeste gentilhommière aux plafonds si bas que le général devait parfois donner du front dans les lustres. « Yvonne ! Ne t'ai-je pas dit 100 fois de m'ôter ces machins ? »

Me voici dans la bibliothèque où de Gaulle s'est éteint, un soir de novembre 1970. Lui qui avait tant le sens de l'Histoire est mort le plus communément du monde, en petit retraité. Il était en train de faire une réussite quand il a porté la main à son cœur :

— Je ne me sens pas très bien, Yvonne.

— Je te fais une camomille.

Sur les rayons de la bibliothèque cohabitent les *Maximes et pensées de Chamfort, Le pont de la rivière Kwaï, Les fables de La Fontaine,* Raymond Aron et Paul Valéry. Et, bien sûr, cela n'étonnera personne, tout Joseph Kessel.

C'est ici que le général rédigeait sa correspondance. Il allait peu dans son bureau, sauf très tôt le matin, quand la brume infusait encore la forêt voisine.

Le général avait des amis dans le village. Mme Demarson se souvient qu'il s'attardait parfois avec son beau-père à la sortie de la messe. Dans l'église, une discrète croix de Lorraine marque son banc dans la travée centrale. Le général est enterré dans le cimetière qui ceint l'église, sous une dalle de marbre toute simple, volontairement nue. Il a pour compagnie les morts du village, paysans pour la plupart : les familles Piot, Lebœuf, Massard, Juvilliers. En repassant par Bar-sur-Aube, je me suis arrêté à la pâtisserie Charollais, tenue maintenant par le fils. Les brioches au beurre sortaient du four.

LE TOUR CHEZ MICKEY

Disneyland, 27 juillet 1997 – Disneyland France a été ouvert en 1992 à Marne-la-Vallée, rebaptisée pour l'occasion Marde-la-Vallée. Je sais, elle est facile, mais elle me fait tellement plaisir. Donc, ouvert en 1992, Disneyland était pratiquement en faillite deux ans plus tard. Une réinjection de fonds de quelques centaines de millions, une baisse substantielle du prix des billets, et de nombreux ajustements « culturels » ont stabilisé (sans plus) la situation.

Le Tour, allié naturel de Disneyland, est venu prendre une leçon de « spectacle total » à Marde-la-Vallée, ce que nie Jean-Marie Leblanc, le patron du Tour. Il ne faut pas voir dans notre présence ici une évolution « culturelle », pas de changement de cap à l'horizon ; le Tour, c'est la France profonde, pas l'Amérique. On ne s'en doute pas à voir sa caravane.

OISEAUX

Paris, 28 juillet 1997 – J'ai vu Fabienne Thibault à la télé. Chaque fois que je viens en France, je vois Fabienne Thibault. C'est pas grave. Juste une fatalité, comme chaque fois que je vais à Drummondville, il pleut. Fabienne passait à une émission qui s'appelle, je crois, *Les chouchous*. Vous rappelez-vous de la toutoune en sabots de ses débuts ? J'exagère ? Pas tant. Elle avait l'air d'une groupie des Deads. Aujourd'hui, elle triomphe dans le genre institutrice de province. Mais elle chante toujours aussi bien. Le gros rossignol du cégep Maisonneuve (c'est là qu'elle allait) est devenu la perruche de Bécon-les-Bruyères.

L'ÉTUI DE CUIR

Paris, 28 juillet 1997 – Gianni Mura travaille pour le quotidien *La Republica*. Son chauffeur m'a dit un jour qu'il était le meilleur journaliste sportif d'Italie. Mais ce n'est pas pour cela que j'aime m'asseoir près de Gianni dans la salle de presse. C'est pour le bruit qu'il fait lorsqu'il écrit. Gianni est le dernier journaliste du monde occidental à travailler sur une machine à écrire. Une magnifique *macchina da scrivere*. Une Olivetti Lettera 32 qu'il protège dans un étui de vieux cuir tanné et bruni par les voyages.

LES FRITES SURGELÉES

Lausanne (Suisse), 20 juillet 2000 – Les coureurs allaient aujourd'hui d'Évian à Lausanne par le col des Mosses, et par une petite ville qui s'appelle Aigle, en Suisse. Dans cette petite ville, on est à construire, pour 2002, un centre mondial du vélo. Il y aura une piste, un centre d'entraînement, et le siège de l'UCI (Union cycliste internationale). On a déjà nommé le type qui supervisera ce complexe, il s'agit d'un Français, Lucien Bailly, qui fut, il y a bien longtemps, directeur technique de la Fédération cycliste du Québec. Ce Bailly me traita un jour de drogué. Publiquement. Il avait convoqué tout exprès tout ce qui pédalait dans la province, il se dressa soudain, le doigt tendu vers moi : « Lui, là, il se drogue. » J'étais effectivement un peu gelé ce jour-là, et je suis parti à rire. Vous vous souvenez du pot hilarant de cette époque ?

Je vous parle des années d'or du cyclisme au Québec. On avait alors des pelotons de plus de 100 coureurs qui venaient de partout. Des courses tous les dimanches. Et de la dope, bien sûr. En ce temps-là, ce n'était pas l'EPO. C'était des amphétamines. Les coureurs s'arrêtaient dans les toilettes des garages pour se shooter. Pas tous. Mais j'en ai vu. Il y avait un coureur, un petit Français très drôle qui me prenait pour son infirmier personnel. Il se laissait glisser à la hauteur de la voiture de presse, il me faisait signe. On s'arrêtait dans un garage. On s'enfermait dans les toilettes. Il me mettait la seringue dans la main, baissait son cuissard, et paf, je devais le piquer dans le cul. Il rouspétait comme un vrai Français : «Dépêche-toi, bordel, j'ai pas toute la journée ! » Vous demanderez à Pierre Gobeil, le directeur maintenant à la retraite du journal *La Voix de l'Est,* à Granby, de vous le confirmer. Il était avec moi. Ce con de coureur finissait toujours très loin, et j'y disais : « Fuck, Charlie, fais pas ça, ça sert à rien, tu roules pas. » Il me répondait : « Tu penses que je roule pas ? Tu devrais voir quand j'en prends pas ! »

Pour continuer dans la drogue, je vois que le coureur qui a gagné l'étape d'hier est un Hollandais de l'équipe Farm Frites. Comme son nom l'indique, Farm Frites vend des frites surgelées. Je vais vous dire un truc, une société qui ne prend plus la peine d'éplucher ses patates est une société qui n'a pas les valeurs à la bonne place. Pensez aux jeunes. Sont pas fous, ils se disent si les frites sont surgelées, pourquoi pas moi ?

L'ANDOUILLETTE EST UN BÉBÉ ANDOUILLE

Troyes, 23 juillet 2000 – Troyes est une de mes villes préférées en France. En général, les touristes passent tout droit. Eh bien, ils ont tort. Comme ils ont tort d'éviter Sens. Ce sont des petites villes convenables et accueillantes mais pas trop accueillantes ; elles ne se laissent pas débaucher par le premier touriste venu. C'est la vraie province française, un peu pincée, un peu vieille fille.

Le peloton était bien dissipé hier : déjà en vacances, il a déboulé en placotant les coteaux de la Haute-Saône, puis traversé Colombey-les-Deux-Églises sans humeur particulière. La dernière fois que le Tour de France est passé par Colombey, c'était en 1960. De Gaulle était venu en badaud applaudir les coureurs. Yvonne, son épouse, portait un panier avec des sandwichs au saucisson à l'ail et un thermos de limonade fraîche. Averti à la dernière minute de la présence du président de la République, le Tour s'était arrêté le temps que le général serre la main du maillot jaune, un obscur Italien du nom de Gastone Nancini.

Que disions-nous ? Ah oui, que j'avais hâte d'arriver à Troyes, mais pas les coureurs. Sauf un. François Simon. Qui est de Troyes. Pas un mauvais coureur. Mais un peu nono. Vous ai-je dit que la grande spécialité de Troyes était l'andouillette, qui est une sorte de bébé andouille ? François Simon aussi. Il s'est échappé, s'est défoncé, a tout donné, et s'est fait rejoindre dans les faubourgs de sa ville. Il a fini 657e. Nono.

Pour souper, je suis allé me chercher des petits plats chez un traiteur qui annonçait « Spécialité de rillettes, médaille d'or, concours national 1996».

— Et ça, c'est quoi ?

– De la rate de porc cuite dans du saindoux...

– C'est où, la rate ?

Le charcutier m'a montré : ici le cœur, là le foie, et là la rate. Pourquoi vous riez ? Montrez où est votre rate. Mettez votre doigt. Ah, vous voyez.

PROUST ? FAUT EN PRENDRE ET EN LAISSER

Boulogne-sur-Mer, 9 juillet 2001 – À Calais, je loge au Pacific, un hôtel familial bien tenu. Ce matin, j'ai pris mon petit-déjeuner dans le voisinage d'une famille d'Anglais : deux enfants, les parents et la grand-mère. Arrivés la veille par le ferry, ils passent tous les ans leur première nuit au Pacific, en route pour leur maison de campagne dans la Creuse. La patronne de l'hôtel les a embrassés, s'est assise avec eux, ils ont parlé de l'opération à une hanche de la mémé, des hôpitaux anglais qui sont affreux, des hôpitaux français qui ne sont pas mieux. Ils ont parlé aussi du mauvais temps qui assombrit tout le nord de la France.

Je ne déteste pas ce temps-là. La mer est plus belle quand il pleut. On n'y voit pas d'épicières dans le clapot. L'immense plage de Berck était vide, et du haut de la côte du cap Gris-Nez, on ne voyait pas l'Angleterre, mais c'était dimanche et de toute façon il n'y a rien à voir en Angleterre le dimanche. On a dû nettoyer les routes après les violents orages de la nuit qui ont provoqué des coulées de boue.

Saint-Omer, d'où nous sommes partis, est aussi bourgeoise que Dunkerque et Calais sont prolétaires. Juste avant le départ, les cloches de la cathédrale ont appelé les fidèles à la messe du dimanche. Rue des Cloutiers j'ai pris des photos d'une grande dame en chapeau au bras d'un petit monsieur chauve. Sur une photo, on voit pas les pieds du monsieur, et sur l'autre, c'est le chapeau de la dame qui n'apparaît pas. Chaque année, le bureau insiste pour que j'emporte un appareil numérique. On me donne un cours. Et voilà le résultat. Je ne suis pas doué, je crois.

Comme prévu, l'étape s'est conclue par un sprint massif à Boulogne-sur-Mer qui est la ville natale de Sainte-Beuve, dont je ne sais absolument rien sauf que Proust a écrit un truc qui s'appelle *Contre Sainte-Beuve*. Mais vous savez, Proust, faut en prendre et en laisser.

L'ENVERS D'ANVERS

Anvers (Belgique), 10 juillet 2001 – Les Belges sont contents. Justine Henin, en finale à Wimbledon dimanche, et aujourd'hui, la victoire à Anvers d'un Flamand qui prend le maillot jaune. Les Belges sont contents. Moi ? Bof. Moi, la première semaine du Tour, c'est surtout les paysages. Et les paysages de Flandres, bof. Convenables. Propres vous n'avez pas idée. On dit que le vélo est le sport le plus populaire de Flandres, je crois plutôt que c'est le balai. Vous n'avez pas idée du nombre de gens qu'on voit balayer devant leur porte. La seule chose qu'ils ne balaient pas, c'est leurs ciels tout barbouillés ; pourtant, ils pourraient s'ils voulaient, ils sont toujours si bas...

À l'arrivée, la reine de Belgique a félicité le vainqueur. Comment s'appelle-t-elle déjà ? Fabiola ? « Mais non, me glisse mon voisin, elle est morte Fabiola. » La nouvelle reine, donc, s'appelle Paola, elle vient d'Italie. Moi aussi, je viens d'Italie, lalalèreu. Si j'avais voulu, j'aurais pu être reine des Belges.

Bon, Anvers. Vous vous rappelez cet hiver, quand *Wallpaper,* cette revue anglaise très branchée qui avait choisi Montréal comme une des villes les plus agréables à vivre au monde ? Dans le même classement figurait, très avantageusement, Anvers. Sauf que le Tour, comme il le fait souvent pour ne pas trop déranger, a choisi d'arriver dans la zone industrielle. Du mauvais côté de l'Escaut. Quand je vais avoir terminé ce texte, je vais me mettre à la recherche d'un hôtel, et s'il n'est pas trop tard, manger un morceau. Je ne verrai pas Anvers.

LE MODÈLE BELGE

Anvers (Belgique), 11 juillet 2001 – Notre premier ministre est en Belgique depuis dimanche, à la tête d'une délégation commerciale. Et vous savez comment il est farceur ; il a dit aux Belges qu'il était venu en Belgique « pour s'inspirer du modèle belge ».

Qu'est-ce que les Belges ont pu rigoler. Parlons-en du modèle belge. Trois régions autonomes qui ont chacune leur parlement : les Flandres, la Wallonie et Bruxelles, où tout s'embrouille. Bruxelles est enclavée en territoire flamand, mais habitée par une majorité de francophones. Pour faire chier les Wallons, les Flamands considèrent Bruxelles comme leur capitale. Ils y ont installé leur parlement, alors que le parlement des Wallons est à Namur, capitale de la Wallonie, mais les Wallons sont aussi représentés à Bruxelles par un parlement séparé. C'est pas tout ! La Belgique est également divisée en 10 provinces, chacune ayant un gouverneur et des députés. Pour ce qui est du partage des compétences, je vous dis pas le bordel ! Tout ce brouillamini de structures pour tenter d'évacuer une réalité toute simple : la Belgique est divisée entre Wallons et Flamands qui ne s'aiment pas. En cela du moins, le modèle belge est semblable à celui du Canada.

VERDUN

Verdun, 12 juillet 2001 – Hier, le Tour inclinait au souvenir. À Bras-sur-Meuse, on a pris la route des champs de bataille, des ossuaires, des cimetières militaires plantés de milliers de croix de bois. Ici, entre février 1916 et juin 1917, 800 000 morts. Français et Allemands confondus. C'est dire si la terre est gorgée de sang. Chaque talus plombé de balles. À la tranchée des baïonnettes, ils sont une centaine du 137e régiment d'infanterie à avoir été ensevelis vivants à la suite d'un violent bombardement. Vivants et DEBOUT. On a laissé le lieu en l'état. Les pointes des baïonnettes dépassent encore du talus.

Des milliers de croix de bois et, pour leur faire une ombre, quelques monuments grandiloquents comme à Douaumont, ce gigantesque pénis dressé au fond du cimetière, en hommage, j'imagine, à la virilité des généraux qui ont présidé aux massacres. Juste vous rappeler qu'après cette guerre-là, il y en a eu une autre. Pire encore.

L'IRONIE N'EST PAS UN MUSCLE

Bar-le-Duc, 13 juillet 2001 – À Verdun, je loge au Prunellia, qui accueille aussi l'équipe espagnole Once. À Anvers, je partageais l'hôtel des Italiens de la Lampre, qui se traînaient les pieds dans les couloirs. Ceux de l'Once vont au pas cadencé comme des petits soldats. À sept heures et demie hier matin, Manolo Saiz les attendait dans la salle à manger. Joseba Beloki, troisième du Tour l'an dernier, est arrivé le premier, suivi de l'Allemand Jarske, puis de Carlos Sastre, puis des frères Galdeano. Ils ont mangé leurs céréales en silence. Ils sont remontés dans leur chambre tous ensemble. Manolo a juste dit : « L'autobus part dans une heure. » J'ai voulu parler à Beloki, Manolo Saiz s'est interposé : « No. »

Quand je suis rentré hier soir vers neuf heures et demie, Manolo était attablé avec un de ses adjoints :

– Où sont les coureurs ?
– Couchés.
– Contents de votre deuxième place ?
– Si.
– Vous me le dites, hein, si je vous dérange...
– No, no, ça va.

J'ai remarqué un truc : les athlètes, les entraîneurs, les sportifs en général, tous les sports, tous les pays ont en commun d'être totalement imperméables à l'ironie. Ce n'est pas le même muscle que pour pédaler.

PORTRAIT

Besançon, 16 juillet 2001

— Le marché, c'est par là ?

— Li marchi ?

C'était un de ces Nord-Africains qui ont passé toute leur vie en France et qui, par mimétisme, sont devenus de vieux Français. Jusqu'au béret. Jusqu'au veston. Sous le veston, le gilet est boutonné jusqu'en haut sur une chemise de travail. Il ne leur manque que l'accent. Ça, l'accent, ils ne l'auront jamais.

— Li marchi ? Faut qu'ti traverses la place du ouiiit fivriiier...

— Qu'est-ce qu'il y a, le huit février ?

— Ji li si pas. Excuse-moi, ouiiit septembre, ji mi trompe toujours.

— Qu'est-ce qu'il a y eu, le huit septembre ?

— Ji li si pas non plus. Ti pas d'ici ? Ti viens de Paris ?

— Non, ji viens di Monrial.

LA SANTÉ

Grenoble, 20 juillet 2001 — Pour vous faire plaisir, je sais comme la santé vous obsède, ce matin je suis allé visiter un hôpital français. Un gros. Un beau. Le CHU de Grenoble, tellement grand qu'on pourrait y tenir les Jeux olympiques de la médecine : 2000 lits, 103 470 entrées l'an dernier, 3961 infirmières... C'est des infirmières en ta, comme dirait Moose Dupont. Soixante et onze greffes de rein, 559 684 journées-patients incluant médecine, chirurgie, gynéco, psychiatrie, gériatrie. J'arrive aux urgences, je me présente au comptoir.

— Bonjour madame, j'ai mal ici. Ce sera long pour voir un docteur ?

— Qu'est-ce que vous avez ?

— Je ne sais pas, j'ai mal ici.

— Environ deux à trois heures.

C'est là que je les ai vus. Des malades. Dans leur lit, avec leur soluté, dans les couloirs. J'accroche une infirmière.

— Vont-ils passer la nuit ici ?

— Certains, oui.

— Vous trouvez ça normal ?

— Normal ou pas, il n'y a pas de lits. Que voulez-vous qu'on fasse ?

— Je ne sais pas. Peut-être appeler la télé pour qu'ils fassent un reportage...

C'est là qu'elle m'a demandé qui j'étais. Je le lui ai dit. Un journaliste ! Elle m'a conduit au pas de charge dans les bureaux de la direction où Mme Martine Clerc, directrice du service central, m'a dit « oui, oui, on manque d'infirmières, de médecins, d'anesthésistes, d'obstétriciens. On manque de lits, surtout en soins de longue durée... »

Mais alors, direz-vous, c'est exactement comme au Québec ? Pas du tout. Une différence fondamentale : les Français ne capotent pas sur leur système de santé. Il peut se passer des mois, des années, sans que la télé ni les journaux disent un mot des hôpitaux. Vous vous y ennuieriez beaucoup, je crois.

BAR-HÔTEL

Tarbes, 23 juillet 2001 – Le Tour de France, c'est environ 3000 personnes qui débarquent le même soir dans une ville de taille moyenne où, on le comprend, il ne reste plus un placard à balais à louer. Quand le parcours du Tour est rendu public en octobre, les journalistes européens font leurs réservations. Moi, non. En octobre, on ne sait pas encore si on ira au Tour. Bref, je suppliais un hôtelier de la périphérie de Tarbes de mettre un lit dans le couloir. Si ça se fait dans les urgences d'hôpitaux, pourquoi pas dans les hôtels ? J'étais bête et agressif, surtout très fatigué. Le bonhomme, lui, essayait de m'aider. « Attendez un peu, je vais appeler une amie qui tient un bar-hôtel. » Il appelle. Ça marche.

Mais c'est pas ici, c'est du côté du Puntous de Laguian. Avé l'accent, ça donnait pountousse de Lagouiangue...

— Tabarnouche, c'est en Arménie ?

— Mais non, c'est à 40 kilomètres...

J'y suis allé au radar. Bar-hôtel, c'est là. Encore des buveurs au comptoir. Un saint-bernard au pied des escaliers. La grosse dame s'est excusée en ouvrant la porte de la chambre : « En principe, on ne loue pas aux touristes, c'est pour nos pensionnaires ; 160 francs [34 $], ça ira ? » J'ai dormi comme une pierre.

Une rumeur m'a réveillé. J'ai ouvert les volets, c'était le marché du dimanche matin sur la place du village. La grosse dame servait des petits-déjeuners aux fermiers.

Je vous sers un café ?

Je suis allé chercher les journaux.

— Tu viens avec moi, le chien ? Il m'a suivi. On a coupé à travers le marché.

LE TOUT-À-L'ÉGOUT

Sarran, 26 juillet 2001 – Ce soir, le Tour sera à Sarran : 323 habitants en comptant le président de la République française Jacques Chirac et son épouse qui y tiennent maison. Que vient donc faire le Tour sur ce haut plateau dit plateau de Mille-Vaches ? Eh bien, il vient justement faire la révérence à M. et Mme Chirac. Le directeur général du Tour, Jean-Marie Leblanc, est un ami de la famille, et le Tour lui-même, le Tour dans son lyrisme, dans ses pompes, est intimement chiraquien. Et voyez comme cela tombe bien, M. Chirac vient tout juste d'entrer en campagne électorale pour la présidentielle.

Sarran, c'est une église, une école, la mairie, un atelier de potier et, un peu en contrebas, où sera jugée l'arrivée, une bâtisse bêtement moderne, le musée du Président, où sont exposés les cadeaux qu'il a reçus depuis son élection (1995). Monsieur le président n'habite pas le bourg proprement dit, on s'en doutait. Pour se rendre à son château – le château de Bity –, il faut prendre derrière l'église et, à la première fourche, demander son chemin à une paysanne qui vous dira : « C'est par là, mais n'y allez pas, les gendarmes vous empêcheront de passer. »

– Le voyez-vous parfois, votre président ?

– Souvent. Il est gentil. C'est grâce à lui si on a le tout-à-l'égout au village.

Après la dernière ferme, on traverse un bois, on passe sur un ruisseau, il y a une prairie, des vaches, et deux jeunes gendarmes fort aimables qui, effectivement, m'ont interdit d'aller plus loin. Ils ont admis qu'ils s'ennuyaient un peu...

Je peux vous chanter une petite chanson si vous voulez. « La belle dé Cadix a des yeux dé vélours / chica ! chica ! chic ! ay ! ay ! ay ! »

UN CUL

Montluçon, 27 juillet 2001 – La France entière est placardée en ce moment d'une affiche publicitaire qui montre un cul fendu par un string rouge. Ce cul vous accueille sur un immense panneau à l'entrée des villages. Une pub de quoi ? Je ne sais pas. La preuve que ce n'est pas une bonne pub : le cul occulte, si j'ose dire, la chose à montrer. Ce cul serait impensable sur nos routes, encore moins sur les routes américaines. Me semble pourtant qu'un cul comme celui-là ferait du bien à nos obsessions, à nos bars de danseuses, à nos crimes sexuels qui n'en finissent plus... Un cul comme celui-là, à force de le voir, on ne le voit plus.

UN AUTRE CUL

Évry, 28 juillet 2001 – Je vous ai dit les champs de lin du Limousin, les villages secrets de Corrèze, les routes du Jura qui s'étrécissent en sentiers, je vous ai dit les joueurs de pétanque sous les platanes, le marché du dimanche matin, l'austérité minérale des Pyrénées. Je vous ai dit un héron gris, ou l'ai-je omis, un matin de jogging matinal, sur un chemin de halage de la Moselle. Je vous l'ai dit sans vous le dire, la France n'est pas un pays, la France est un arrière-pays.

Mais il faut bien revenir à Paris. Le Tour de France finit toujours à Paris, sur les Champs-Élysées. Et pour rentrer dans Paris, il faut traverser la banlieue. C'est aujourd'hui. Ce soir, le Tour couchera à Évry. À 30 kilomètres de l'Arc de Triomphe, Évry est l'une des cinq villes nouvelles de la région parisienne. À l'origine, il y avait ici un village d'Île-de-France, de la luzerne, des blés, Évry-Petit-Bourg. Le petit bourg est devenu une ville. Des écoles, un hôpital, un centre de loisirs relié aux galeries marchandes par des passerelles, une mosquée, et même des arbres de temps en temps. Des lampadaires, beaucoup de lampadaires pour lutter contre l'insécurité.

Ai-je dit une ville ? Plutôt un concept urbain. Ils ont pensé à tout sauf à laisser des espaces pour vivre, ils ont oublié les ruelles, les cours, les cordes à linge. Ils s'étonnent maintenant de l'acharnement que mettent les gens à casser des pans entiers de leur ville nouvelle justement pour se faire de l'espace. Les jeunes de la ville travaillent à l'usine Coca-Cola, à Grigny. Le soir, ils vont se chercher des frites au Quick et jettent le casseau vide dans la rue. Ils sont Marocains. Roumains. Slovaques. Africains. Ils barbouillent les murs de graffitis. Celui-ci : « Allah est grand, le cul de Rina est tout petit. »

PARIS BANLIEUE
Paris, 5 juillet 2003 – Je suis allé poser mes valises en banlieue, au bord de la Marne. Un gîte au fond d'une cour fermée par un portail qui grince. J'ai pris le RER pour aller à Paris. Je suis allé saluer un ami du côté du lycée Voltaire, on a travaillé ensemble il y a longtemps. « Louis, si tu veux, j'emmène ton petit-fils au Tour de France, il verra les coureurs, il pourra même leur parler. »

— Tu penses! Il ne voudra pas. Il a 14 ans. Le Tour de France! C'est complètement ringard ce machin! Même moi, je n'irais pas.

Comme mon vieux copain Louis, Paris se contrecrisse du Tour de France. Bien sûr, il y avait foule rue de Rivoli pour la présentation des équipes et il y aura foule aujourd'hui à la tour Eiffel pour le prologue, mais la tour Eiffel, c'est pas Paris.

J'ai vécu plusieurs années à Paris sans jamais aller à la tour Eiffel. En fait, jusqu'à hier, la seule fois où j'avais vu la tour Eiffel de près, c'était à Valleyfield, une tour Eiffel en cure-dents posée sur le manteau d'une fausse cheminée dans le bungalow d'un collègue journaliste sportif au *Montréal-Matin*. Un demi-siècle plus tard, donc, je sors du métro Champ-de-Mars, je cherche la tour Eiffel, pas de tour Eiffel. Je demande à un gendarme : « La tour Eiffel, s'il vous plaît? »

— Vous plaisantez, me dit le gendarme.

Hon. Je lève la tête, j'étais à ses pieds. Les arbres du parc du Champ-de-Mars me la cachaient. Je l'ai trouvée sympathique, finalement. J'aime bien ce genre de truc qui ne sert à rien, sauf à compter les rivets. Paraît qu'il y en a 2 675 423. Paraît qu'elle grandit de 15 centimètres quand il fait chaud, mais pas hier, hier il faisait assez frais pour porter une petite laine.

Le Réveil-Matin, d'où est parti le premier Tour de France en 1903 et d'où il repartira ce matin, centenaire oblige, est devenu un pub tex-mex. Comme le grand favori de ce Tour de France est Texan, on peut dire que la tradition se mord la queue, mon vieux. Tant qu'elle ne mordra pas la mienne. J'ai pris mon premier repas du Tour dans un bistrot à Coulommiers.

— Et que boirez-vous comme vin, monsieur?

— Je ne bois pas de vin.

— Ah si, il faut, avec le thon. C'est un peu sec le thon, vous savez.

Ça ne vit pas dans l'eau, ce truc-là ? C'est pas légèrement humide ?

TOP 10

Melun, 7 juillet 2003 – Pour le centenaire du Tour, qui est un peu aussi celui du vélo, les intellos de la pédale aiment citer Simone de Beauvoir, ce passage de *La force de l'âge* : « Sartre préférait de loin la bicyclette à la marche dont la monotonie l'ennuyait, il s'amusait à sprinter dans les côtes, je m'essoufflais derrière lui. Sur le plat, il pédalait avec tant d'indolence que deux ou trois fois il a atterri dans le fossé. Je pensais à autre chose, me dit-il. »

Ce n'est pas pour défriser Simone, mais en tête de mon top 10 à pédales, cet extrait de *Lila dit ça,* un petit livre qui a beaucoup marché il y a quelques années : « Il m'a dit monte. Il m'a aidée à m'asseoir sur le cadre. Je me suis arrangée pour placer mon clito sur la barre, à chaque petit cahot ça me fait du bien, c'est comme si la route me touche. »

MONSIEUR BLANCHARD

La-Ferté-sous-Jouarre – Jean Blanchard, 20, rue de Rueil, à La-Ferté-sous-Jouarre. Le Tour de France passait devant son jardin hier, littéralement devant. Ma voiture était garée là. Il était assis sur une chaise, il me dit : « Ah, vous êtes de la presse. » Je lui réponds « Oui, de *La Presse,* de Montréal ».

– Montréal ! Vous n'avez pas beaucoup l'accent, j'aime bien l'accent québécois.

Il était déçu.

– Vous avez là un beau jardin, c'est quoi au fond ?

– Des Soissons, vous savez les petits haricots blancs. Ma femme les fait avec des oignons, en salade ; on les mange tièdes, c'est très bon.

J'adore les vieux Français, ils remontent à l'Antiquité, ils sentent le pot-au-feu, on ne sait pas très bien si ce qui les habite est une culture de l'ordinaire ou une névrose, ils sont méfiants, radins, médisants, mais si tu leur dis qu'ils ont un beau jardin, ils rosissent comme des jeunes filles.

MON OMBRE DEVANT MOI

Romilly-sur-Seine, 9 juillet 2003 – Quand j'étais petit, Saint-Dizier, où sont arrivés les coureurs du Tour de France hier, était la ville des fous. « On va t'emmener à Saint-Dizier, on va t'enfermer à l'asile. » Mme Maréchal, une dame qui habitait dans ma rue, était enfermée à Saint-Dizier. Maman allait parfois la visiter en train, le dimanche. Mme Maréchal avait un amant, le Dr Pucheux, celui-là même qui m'a enlevé les amygdales. Quand le docteur n'a plus voulu de Mme Maréchal, c'est là qu'elle est devenue folle. Je vous raconte ce qui se disait rue Paul-Bert, une venelle de commères derrière la place des Martyrs, à Romilly-sur-Seine, où nous habitions, ma mère, mes sœurs et moi. Mon père travaillait sur les grands chantiers de l'après-guerre, on ne le voyait presque jamais. J'avais 10 ou 11 ans et je n'avais pas de vélo. Et on n'allait jamais voir passer le Tour de France.

Quand le Tour ne se pose pas trop loin, je vais coucher à Romilly-sur-Seine, pour le souvenir. En entrant dans la ville, par la route nationale, il y a d'abord le cimetière et ces noms familiers sur les tombes, Grammain, Ramelot, Journaux, Frontini, Léveillé, Hortefeu. Je les avais pour compagnons à l'école communale... Je vais jogger sur les berges de la Seine. J'en arrive à l'instant, il faisait très chaud. J'ai vu un héron bleu, comme j'en vois aussi chez moi dans le marais de Pigeon Hill. C'est peut-être le même qui m'a suivi, c'est peut-être un effet de la mondialisation. Je rentre par l'ancien lavoir où ma mère allait faire ses lessives, à genoux, au bord de la rivière. La rue Paul-Bert est tout de suite là, à main gauche, ma maison est la seconde.

Une dame en sort. « Vous cherchez quelque chose ? »

– J'ai habité cette maison.

Chaque fois que je suis revenu, chaque fois quelqu'un est

sorti avec qui j'ai eu exactement le même échange embarrassé.

— Il y a toujours un jardin derrière ? (Je sais bien que non, ce sont des garages maintenant.)

— Non, me dit la dame, ce sont des garages maintenant.

— Bon, eh bien, au revoir, madame.

— Au revoir, monsieur.

Je hâte le pas comme si je m'enfuyais. Me revient ce poème d'Anne Hébert : « Mon ombre s'impatiente derrière moi / me dépasse en courant / marche devant moi / prétend qu'elle est moi. »

LA CARAVANE

Romilly-sur-Seine, 9 juillet 2003 – C'est ce que je comprends le moins du Tour de France. C'était en Argonne, après un village nommé Brizeaux. Il y avait là une famille qui pique-niquait sous un bouquet d'arbres, la bouteille de rosé posée sur la table pliante. Les enfants, la bavette nouée autour du cou, mangeaient de la mousse au chocolat. L'endroit était bien choisi, à l'entrée d'un sentier qui séparait un champ de blé d'un bois de conifères.

Arrive la caravane. Des poupounes en bottes blanches qui dansent le chihuahua sur la plate-forme d'un camion qui fait la réclame du Faillitaire, « Faites des affaires avec le faillitaire », le plus grand entrepôt de reprises après faillite de France. Suivait la voiture Banania. « Pourquoi être raplapla ? Avec Banania, les rois de la bécane gagnent le maillot. » Il y en avait comme ça sur deux kilomètres.

Ce que je ne comprends pas ? La buée sur la bouteille de rosé. Le frémissement des blés. Les petites filles avec leurs moustaches de chocolat. Ce bonheur tranquille que l'on vient frotter à un Himalaya de vulgarité.

UN JOUR, ON IRA À MALMINOU

Noyers-sur-Serein, 10 juillet 2003 – Encore un coin de France que je connais bien. J'ai commencé à aimer la langue française – nous parlions italien à la maison – par la musique des noms de villages. Nous allions aux champignons à Malminou, chercher des poulets de ferme à Rigny-la-Nonneuse. La Nonnette, je comprendrais, mais la Nonneuse ? On allait aussi, je ne sais plus quoi y faire, à Périgny-la-Rose, à Ossey-les-Trois-Maisons, à Vulaines, pas Vilaines, Vulaines. Que la campagne française est belle. Bien sûr, les paysages n'ont pas l'ampleur qu'ils ont chez nous, ni les ciels, l'infini des nôtres. La campagne française est toute dans la douceur de ses vallons, dans le rouge des coquelicots des fossés, dans la somnolence des villages. Danne-le-Moine, je venais jouer au basket à Danne-le-Moine contre l'équipe locale. Je n'arrive pas à imaginer qu'il y avait assez de monde dans ce village pour former une équipe de basket. Dieu que je suis passé loin de la NBA.

Que la campagne française est belle. Vous me désespérez parfois quand je vous entends parler de la Provence et du Périgord, comme ces Français qui parlent du Québec après être allés aux chutes Niagara et aux baleines à Tadoussac. Un jour, je vous emmènerai à Malminou.

Des villages assoupis du pays d'Othe je suis passé presque sans m'en rendre compte à ceux du Chablis pour arriver à Noyers-sur-Serein, où le Tour de France passera aujourd'hui. Un village de vignerons avec des maisons à linteaux comme en Alsace, des ruelles à gros pavés bombés où l'on se tord les chevilles. Le Tour de France passionne très modérément Noyers-sur-Serein, tout occupé ces jours-ci par ses Rencontres musicales. On entend répéter les jeunes solistes du concours de piano dans tout le village. J'ai trouvé à me loger à l'hôtel de la Vieille Tour, Place-du-Marché-aux-Sels, l'unique hôtel du village, tenu par une Hollandaise qui m'a donné l'appartement de son fils.

Un jour, je vous montrerai à voyager en France.

UN TOUR À MONTRÉAL

Nevers, 11 juillet 2003 – Le Tour de France partira peut-être un jour de Québec. En attendant, hier, il est passé tout près de Montréal, un des six Montréal de France. J'ai fait le détour.

« Ah, vous êtes Canadien ? Il en vient des fois nous parler de leur Montréal. Entrez... » C'est rare que les Français vous ouvrent leur porte. Fallait bien que ce soit à Montréal. Une toute jeune femme qui portait son bébé fille dans un harnais, sur son ventre. « Une maison du XIIIe siècle, poutres et arches d'origine. Les dalles sur lesquelles vous marchez aussi sont d'origine, ainsi que la liseuse, cette chaise sculptée dans la pierre près de la fenêtre. Les gens s'asseyaient là pour profiter de la clarté du jour ; les maisons n'étaient évidemment pas éclairées. »

– Vous avez acheté cette maison par goût des vieilles pierres ?

– J'y suis née. Je n'aurais pas eu les moyens de l'acheter. Mon mari travaille au supermarché de la ville voisine, ma mère habite en face, elle élève des moutons...

Le village est juché sur une colline, en fait sur un mont, qui devint un mont royal, quand un roi (un duc de Bourgogne) y fit construire son château et, plus tard, une église. De là-haut, on a vue sur la vallée du Serein, sur les moissons qui battent leur plein, plus loin sur les monts du Morvan. Je suis entré dans l'église, une hirondelle a traversé la nef pour aller se perdre dans la voûte où elle avait probablement son nid. Je ne me sens jamais aussi pieux que dans ces vieilles églises ; c'est à cause de la fraîcheur, je crois. Je serais un bien meilleur chrétien si j'avais l'air conditionné.

Montréal, donc, village fortifié sur la rive gauche du Serein, 281 habitants, dans le département de l'Yonne. La jeune femme qui m'a reçu s'appelle Stéphanie Ragois ; sa maman, c'est Yvette ; le chien, ah oui, y avait un chien, c'est Obus ; la petite, c'est Sarah. Elles habitent au 18, Grande Rue, c'est tout de suite après l'arche.

COMMENT Y CAUSENT

Lyon, 12 juillet 2003 – En plein trafic, en plein centre-ville, des jeunes gens distribuaient de petits drapeaux aux automobilistes, soi-disant pour fêter la venue du Tour de France. C'est en fait un racket : tu prends le drapeau et le jeune homme te demande deux euros, t'en veux pas, tu rends le drapeau, ça prend du temps, ça bloque le trafic, klaxons, ça gueule et ça s'engueule...

J'aime entendre les Français s'engueuler. Cette éruption d'insultes, de formules, de trouvailles parfois géniales, je suis comme un enfant devant un feu d'artifice. Hier, j'en ai entendu une qui m'a sidéré, qui m'a scié le cul, comme on disait quand j'étais petit. La dame dans l'auto qui venait de se faire refiler un petit drapeau engueulait le jeune homme, qui l'ignorait, ce qui rendait la dame encore plus furieuse. Exprès, elle a fait un écart avec sa voiture pour le frôler, et cette fois, le jeune homme a réagi, il lui a crié :

– Va donc, eh...

J'attendais un grand classique : « Va donc, eh, morue. Va donc, eh, pouffiasse. »

Ce fut : « Va donc, eh, FEMME AU FOYER ! »

Yessssss.

JOURNÉE TYPE

Lyon, 12 juillet 2003 – Vous allez encore dire que je me plains. Dites-le. Hier soir, j'ai appelé à l'hôtel Magdalena, où les coureurs de la Fassa Bortolo étaient logés pour une entrevue avec Petacchi, qui a gagné sa troisième étape à Nevers. « Viens au petit-déjeuner demain matin, on va arranger quelque chose », m'a promis un membre de l'équipe. Je me suis levé à 6 heures pour être à 7 au Magdalena, à 40 kilomètres de Nevers. On m'a empêché d'entrer dans la salle où déjeunaient les coureurs. J'ai traîné un moment, j'ai vu sortir Yvan Basso, le bébé de l'équipe : « Mi scusi, dottore, Petacchi est encore là ? »

– Si, ma...

— Ma quoi?

Petacchi ne s'est jamais montré. J'ai 63 ans, je n'ai pas déjeuné, même pas un café. Mes pantalons font des poches aux genoux, je suis venu rencontrer un type à qui je n'ai rien à dire et qui ne veut pas me parler, dans la banlieue de Nevers, 44 000 habitants, tous nuls.

On allait à Lyon ce jour-là. Je caracolais loin devant la course, je suis allé déposer mes bagages dans un vieil hôtel retapé où j'avais séjourné pendant la Coupe du monde de football, Le Beaulieu, à Charbonnières-les-Bains, ex-ville thermale, dans la banlieue de Lyon.

J'ai entendu à la radio dans l'auto que deux coureurs, le vieux O'Grady et un Français dont j'oublie le nom, avaient 18 minutes d'avance. Je savais que ça ne marcherait pas, que le peloton reviendrait et que cet enfoiré de Petacchi allait en gagner une quatrième. Me voilà dans Lyon, je longe les quais de la Saône, traverse le Rhône au pont de la Guillotière, la grande avenue Jean-Jaurès, le stade du Gerland, parcours fléché jusqu'au centre de presse. Il était environ trois heures. J'ai bretté un peu. Les coureurs sont arrivés vers cinq heures et demie. J'ai commencé à écrire. J'ai presque fini. Il est neuf heures et demie.

Ça fait six mois que je prépare cette visite à Lyon. Que je lis des trucs. Que je dérange tous les Lyonnais que je connais pour qu'ils me refilent des adresses, des sujets. Finalement, j'ai passé l'après-midi au centre de presse avec 600 autres nonos. Dans cinq minutes, je vais envoyer mon texte, repartir vers Charbonnières, où j'espère souper. Me coucher vers minuit. Demain, départ à sept heures.

UN GAMIN EXTRAORDINAIRE

Rognes, 17 juillet 2003 – Vous avez sans doute lu précédemment dans ces pages un autre texte sur Timothée, un gamin extraordinaire que j'ai connu quand il avait 10 ans, alors qu'il passait ses vacances à Frelighsburgh, où son papa louait un chalet pour l'été. À la fin des vacances, il retournait en France auprès de sa maman, qui vit à Saint-Valéry-en-Caux. En 1997, le Tour avait fait escale à Saint-Valéry et j'avais interpellé Timothée dans une chronique : «Dis donc, gamin, tu ne m'avais pas dit qu'il y avait dans ton bled, à Saint-Valéry, une centrale nucléaire qui rejetait ses eaux pourries dans la mer...» Le même automne, Timothée tombait malade. Ostéosarcome. J'ai fait le lien, même si on m'a dit de ne pas le faire.

Quand je suis parti pour le Tour l'été dernier, Timothée était à l'hôpital Sainte-Justine depuis de nombreux mois. Cela faisait six ans maintenant qu'il se battait contre son cancer. Amputé d'un bras en novembre, plogué en permanence à une pompe à morphine, il gardait un moral incroyable. Je pensais à lui tous les jours, à ses parents, aux bénévoles de Leucan, aux médecins et aux infirmières de Sainte-Justine, et je me disais que les coureurs cyclistes qui montent des montagnes ne sont peut-être pas aussi héroïques qu'on l'écrit.

C'était donc à l'arrivée de Gap, j'appelle au bureau...

– T'as eu ton message ? a demandé la téléphoniste.

– Quel message ?

– Timothée est mort.

– Fuck !

J'avais crié à travers la salle de presse. Je travaillais dans le coin des Américains du *Herald* et de *Velo News*. David a levé la tête.

– Something wrong, Pierre ?

Non, non. Tout est bien. Timothée est mort le dimanche soir 13 juillet 2003, à l'hôpital Sainte-Justine, dans cette chambre 23 qu'il partageait avec Edwige, sa mère, depuis de très longs mois. Il avait 17 ans. Salut, gamin.

TOULOUSE L'ITALIENNE

Carnaux, 19 juillet 2003 – Les coureurs passeront les trois prochains jours dans la région de Toulouse. Ils en sont heureux (surtout de ne pas avoir à changer d'hôtel), et moi donc. Toulouse est la plus sympathique des grandes villes de France, un rappel de l'Italie – mais les Toulousains sont infiniment plus gentils que les Italiens –, un rappel de l'Italie par l'ocre des murs qui virent au rouge au couchant. Aussi par ses ponts sur la Garonne. Le pont Saint-Pierre ne s'appelle pas Saint-Pierre pour rien : quand on est dessus et qu'on regarde vers la place Saint-Cyprien, on pourrait très bien se croire Trastevere à Rome. Si je devais revenir vivre en France et s'il fallait que ce fût dans une ville, j'hésiterais entre Paris, Toulouse, Troyes, Bordeaux, Sens, près de Paris, Foix et Digne.

Je suis allé jogger le long du canal en enfilant la rue Denfert-Rochereau, juste derrière mon hôtel. J'allais mon petit train, quand, ciel ! des putes ! Bonjour, mesdames. Sauf que moi, c'est pas les putes, ce sont les pâtisseries. Celle-là, d'ailleurs, portait une enseigne de maison close : Au poussin rose. Ma fiancée fait un excellent clafoutis aux pruneaux, mais si je devais organiser un sprint de clafoutis aux pruneaux, désolé, mon amour, mais premier, Poussin rose, second, à deux longueurs, Fiancée poivre et sel. Je t'aime pareil, c'est pas grave.

Mon hôtel s'appelle le Victor-Hugo, et cela tombait bien, le jeune gardien de nuit était étudiant en lettres. Il était en train de lire, en anglais, *The Human Stain,* de Philip Roth, un des grands romans de la décennie. On a parlé un peu littérature, mais moi, ça me donne faim la littérature. « Vous ne connaîtriez pas un petit resto sympa par hasard ? » Il me dit : « Mais si, essayez L'Assiette à l'oie. »

J'ai pris des cœurs d'oie avec des haricots tarbais. Cela vous semblera exotique, grand Dieu, non. Les haricots tarbais (de Tarbes) sont des petits haricots bien communs

253

comme les Soissons. Pour les cœurs d'oie, je ne sais pas si vous mangez parfois des cœurs de poulet, moi oui, ce sont des abats plutôt cheapo. Quand le garçon a déposé l'assiette devant moi, cela avait l'air du plat du jour d'une gargote quelconque. Je ne me souviens pourtant pas d'avoir déjà eu en bouche une telle concentration de succulence.

Incidemment, Toulouse a raté son Tour de France. Public clairsemé à l'arrivée comme au départ. Quelle idée aussi de faire arriver les coureurs en plein champ sur un aérodrome évidemment périphérique. Toulouse sans les bords de la Garonne, sans les platanes, sans sa brique rose, c'est pas Toulouse, c'est Saint-Hyacinthe. Que je salue d'ailleurs.

LA FRANCE CONVENABLE

Tarbes, 21 juillet 2003 – Hôtel de l'Avenue, c'est mon hôtel à Tarbes, pas très loin de la gare. Aucune étoile. Il en mérite pourtant au moins cinq pour la gentillesse de l'accueil, pour la tenue irréprochable des chambres – télé, téléphone, petite table pour poser l'ordi. Un balcon qui donne sur la rouille délavée des toits de la ville. Une douche. Les toilettes dans le couloir, mais chez moi aussi, hein, les toilettes sont dans le couloir. Vingt-cinq euros. C'est la France convenable, un peu oubliée du progrès, enfin, ce que les imbéciles appellent le progrès.

Tarbes est une petite ville ouvrière snobée par les guides touristiques, en ce moment débinée par la fermeture de ses usines d'armement, 800 employés à la rue. Ils protesteront demain sur le parcours du Tour. Tarbes, c'est aussi une pâtisserie de grande tradition, le Royalty. J'y étais à l'aube.

— Un petit café ?

— Non. Une crème brûlée glacée.

Comme ça ? À l'aube ?

De quoi j'me mêle.

ÉPITAPHE

Bayonne, 24 juillet 2003 – J'ai beaucoup pédalé dans ma vie. Jamais très vite, mais je suis un tenace, j'aime me vanter d'avoir monté le Glandon, l'Alpe d'Huez, le Passo di Campogrosso, en Vénétie, la Croce Domini. Jusqu'à hier, je voulais qu'on écrive sur ma tombe : « C'était pas un athlète, mais un jour, il a monté l'Aubisque sur la 42 x 20. » J'ai changé d'idée, je veux maintenant qu'on écrive sur ma tombe : « Un jour, il a monté Luz-Ardiden, EN AUTO, quatre heures avant le Tour de France, au milieu de 300 000 cyclistes de merde, éparpillés sur les 14 kilomètres de lacets, des pelotons entiers, des clubs de cyclos, des familles, le papa qui pousse la petite fille la main dans le dos, des gros apoplectiques tout congestionnés qui ne veulent pas mettre pied à terre, des Allemandes à gros cul sur des vélos de ville, des Néo-Zélandais qui montent à un train d'enfer, des tandems, des mémés boudinées dans leur cuissard qui zigzaguent à travers la route, 300 000 cyclistes, si c'est pas 2 millions, et il n'en a pas tué un seul, c'était pourtant pas l'envie qui lui manquait, sacrament ! »

ÉPITAPHE (BIS)

Bayonne, 24 juillet 2003 – Quand j'étais petit, j'étais intrigué par Jean-Paul Sartre qui disait qu'il voulait aller pisser sur la tombe de Chateaubriand. Ben, moi aussi, d'abord. Plus tard, j'ai lu un peu Chateaubriand (grâce à Barthes notamment, qui l'aimait bien) et l'envie m'a passé. Elle m'est revenue hier, figurez-vous. Mais c'était pas pour Chateaubriand, c'était pour Luis Mariano. Vous savez, cette chanson que je fredonne souvent dans mes chroniques : « La belle dé Cadix a des yeux dé vélours / chica ! chica ! chic ! ay ! ay ! ay ! » ?

C'est lui. Luis Mariano. Une sorte de poodle frénétique, de Michel Louvain ibérique. Bref, je suis à Arcangues, dans les Pyrénées atlantiques, un village au sud de Bayonne où les coureurs du Tour de France sont arrivés hier. Le village, campé sur une colline, est curieusement regroupé autour de son cimetière où est enterré Mariano Eusebio Gonzalez Garcia, dit Luis Mariano.

Ben non, j'ai pas pissé sur sa tombe. J'aurais pu, y avait personne. Mais il y avait cette épitaphe gravée dans la dalle qui m'a bouleversé : « À toi, mon prince, que ton repos soit doux comme ton cœur fut bon. »

Je voudrais la même fiancée, et si ça coûte pas trop cher, ajouter « chica ! chica ! chic ! ay ! ay ! ay ! »

CONFORT

Bayonne, 24 juillet 2003 – Bayonne tourne le dos à la mer pour se prélasser sur les quais de ses deux rivières, l'Adour et la Nive. Bayonne est magnifique derrière ses remparts et pourtant, je me méfie. J'ai pour le pays basque les mêmes réserves que pour la Provence. Il y a dans l'air quelque chose de fabriqué, de surajouté, trop de maisons peintes, trop de rues piétonnes, trop de terrasses, trop de tout... Je tape ce texte fenêtres ouvertes sur la place des Victoires, qui est en fait une courette pavée où sont en train de souper des locaux un peu partis, un dîner de buveurs humides, dirait Brel. Je suis logé au très vieil hôtel des Basses-Pyrénées, ancienne demeure du bourreau de Bayonne. L'homme était peu soucieux de son confort, mais j'exagère encore, tout est bien finalement. Sauf un truc qui chez nous serait un motif suffisant pour faire fermer l'hôtel sur-le-champ : aux fenêtres, en guise d'issue de secours, des échelles de corde !

— Dites-moi, les échelles de corde, c'est une coquetterie moyenâgeuse ?

— Pas du tout, me répond le monsieur de la réception, c'est la sortie de secours. S'il y a le feu, vous ouvrez la fenêtre, vous jetez l'échelle de corde dehors, et voilà.

— Et les vieux ? Et les handicapés ? Et les bébés ?

J'ai lu dans son regard qu'il me répondait « Et ta sœur ? ».

PÉNITENCE

Bordeaux, 25 juillet 2003 – Soupé mercredi soir à Dax – d'où les coureurs partaient ce matin pour Bordeaux – au Bistro d'à côté, rue des Pénitents, mais c'est plutôt moi qui ai fait pénitence d'une andouillette très quelconque accompagnée de pâtes servies en mottons, le fromage étant figé dessus comme sur une pizza refroidie. Le patron de ce bistrot a travaillé en cuisine à Montréal il y a deux ou trois ans, comme chef invité Chez Alexandre.

– Comme ça vous avez travaillé rue Peel?

– Eh oui. J'y ai rencontré le Tout-Montréal.

Bref, voilà un chef qui s'y connaît plus en andouilles qu'en andouillettes.

RUE DE LA NUIT QUI TOMBE

Saint-Maixent-l'École, 26 juillet 2003 – Saint-Maixent-l'École, où le Tour fait étape aujourd'hui, ne serait pas si mal si les rues de cette ville de garnison portaient d'autres noms que « rue du 114e régiment d'infanterie ». Je l'ai parcourue en revenant de jogger hier soir. L'air était léger, une vieille prenait le frais sur sa chaise. C'est, ma foi, une rue charmante qui ne mérite pas son nom au garde-à-vous. Personnellement, je la rebaptiserais Rue-de-la-Nuit-qui-tombe ou, mieux encore, Rue-du-Québécois-qui-court.

« Une dame vous cherche », m'informe le responsable de la salle de presse à mon arrivée. La chose l'amusait manifestement.

– Une fan, m'a-t-il dit. Elle lit vos papiers.

– Une Française?

– Je crois. Dois-je la laisser entrer si elle revient?

– Bien sûr.

Elle est revenue. Jacqueline Sadoux. Elle a enseigné à l'école primaire Marie-de-France, aussi à Trois-Rivières, à l'école qu'avait ouverte l'usine Pechiney. Elle vit maintenant pas très loin de Saint-Maixent, à Congouillette-les-Mouchettes.

— Pardon ?

— Congouillette-les-Mouchettes. Je ne vous dérange pas au moins ?

— Pas du tout. Je vous remercie d'être venue. Dites-moi encore d'où vous êtes ?

— Congouillette-les-Mouchettes.

— Madame, permettez-moi de vous nommer, sur-le-champ, présidente de mon fan-club. Je pose deux conditions : que vous en soyez l'unique membre et, surtout, que vous ne déménagiez jamais.

TABLE DES MATIÈRES